六书坊

看穿史铁生

阳雨薇 著

武汉大学出版社

图书在版编目(CIP)数据

看穿史铁生/阳雨薇著.—武汉:武汉大学出版社,2013.4
六书坊
ISBN 978-7-307-10584-3

Ⅰ.看… Ⅱ.阳… Ⅲ.史铁生(1951~2010)—评传
Ⅳ.K825.6

中国版本图书馆 CIP 数据核字(2013)第 044509 号

责任编辑:张福臣　　责任校对:黄添生　　版式设计:韩闻锦

出版发行:**武汉大学出版社**　(430072　武昌　珞珈山)
　　　　(电子邮件:cbs22@whu.edu.cn 网址:www.wdp.com.cn)
印刷:武汉中科兴业印务有限公司
开本:880×1230　1/32　印张:4.75　字数:81 千字　插页:2
版次:2013 年 4 月第 1 版　　2013 年 4 月第 1 次印刷
ISBN 978-7-307-10584-3/K·607　　定价:12.00 元

版权所有,不得翻印;凡购买我社的图书,如有缺页、倒页、脱页等质量问题,请与当地图书销售部门联系调换。

六书坊

编委会

主　编　张福臣

编　委　（以姓氏笔画为序）

　　　　文　祥　艾　杰　刘晓航　张　璇

　　　　张福臣　周　劼　郭　静　夏敏玲

　　　　萧继石　落　子

>>> 《爱情问题》

站立边缘的文学张望
——序阳雨薇『看穿史铁生』

郭小东

过于熟悉，反显得陌生，便不知从何处落笔，方能把作者的神韵写将出来。弄文学，本来就没有一个格式，评论文学，就更难有一个极为明朗、极为准确的模范。尺度是有的，可是，当文学与活生生的人摆在一起时，毕竟是一件犯难的事。何况在文学与文学制作尚有许许多多规约的时候，知人论世与由文及人，是困惑的事。

我的研究生们，在面试录准时，我便给他们交代了作业，大多是阅读书目和应考虑的文学问题。那时，一般都在当年的四月，离九月入学尚有半年的时间。我以为这半年时间，对一个即将入学的研究生，尤其是中文系文学专业的硕士生而言，是尤为重要的读书时节。特别是这些年，仿佛社会生活和时代风尚，有着某些约定，大凡选读中国当代文学专业的学生，十有八九是来自外语或其它相关学科的本科生，诸如新闻学、行政管理或传媒广告，还有相当部分来自理科，诸如生命工程或排水给水等学科，而且大多为女生。男生们大多趋于实利的专业，而把文学的浪漫和无用，留给女生们为专业。这种状况自然从另一面看出我国高考的制度弊端，也更能窥视研究生考试中外语独大的毛病，实为外语本科生荡开一面，同时也可感觉本科教育中专业精神的式微。大凡外语出身的学生，考中文硕士，抱死一本文学史，照本宣科死记硬背地啃上数月半年，靠着外语的优势，大约考试入围是没有问题的。他们的外语确实不错，有的入学时已达到八级，可中文基础却差，尤其是文学史知识，没有结结实实的恶补，脱胎换骨的改造，必得一洗本科时的懒散，没有这些决心和坚持，是很难登堂入室的。故入学前这半年时间的中文专业预习，显得十分重要。

缺失文学艺术的时代，是人类的黑暗时代，而这种缺失于人的内心，也是同样的。文学艺术真的会使人的内心与灵魂皈依，明亮同时温润起来，充满着热情和热力远离俗世的考虑，同时满怀着生命的憧憬与深沉的浪漫。

阳雨薇就是这样，刚入学时，她的腼腆与单纯的样子，让我以为她对文学并未十足的敏感，她的读书报告写得过于中规中矩，而让我疑惑她是否真的正经读进这些书里去。我是常常从一些离经叛道，特别是从不合规矩的表达里，去发现一个学生的真实底蕴和可能进取的方向的。而在中规中矩、人云亦云的拘谨文字面前，我的判断力却常常尤其迟钝。其实，我对之的第一印象并不准确。我想，在我决定让她写作关于史铁生的选题时，我就已经对她刮目相看。

我以为史铁生的文字和作品，多少可以唤起她对文学中的生命感悟和生存本真的驿动，至少可以从一个高难的动作设计上，让她进入一种沉潜的绵密但依然可能奔放的状态，这对于一个涉世未深没有多少人生经验的学生而言，有着某种来自文学苦楚的体验。即便收获不了等多的文学成果，但建设或尝试一种文学敏感却是十分得体有益的。我想她在史铁生的作品中，是可以有所触动，而一旦这种触动被开启，她便进入一个全新的文学领地。正如她在完成这个课题之后，在《后记》中所说："我几乎读遍了作家的所有作品，作家的有些文章我还重复读了好几遍，比如《我与地坛》、《合欢树》等。每次读完，我都有些新的体会，记得有一次我一个人坐在图书馆五楼靠近窗户的一个位置，一个人静静地咀嚼着史铁生笔下的文字，突然发现自己的眼里饱含着泪水，我不知道自己为什么会流泪？很复杂，一时说不清楚……"

当我读到这段文字时，之前已通读了她写的这本书的每一个章节，畅谈了每一处修改，至此，我的内心是欣慰的。我对之的预期是对的。她确实已经有了自己的敏感，与史铁生，与文学拥吻了。这是阳雨薇通过写作这本书而达到的一种境界。从某种意义上说，这才是她此生最重大的飞跃。固然，这本书对她来说，没法不重要，但更重要的东西，已然沉入她的心底，成为一种灵魂的积淀和生命的动力。这才是我对学生的文学期待。

阳雨薇的清彻与聪慧，她对文学与文字的敏感，读者诸君在文本中会有臧否，其中的青涩自不待言。她对复杂和隐秘的人类情绪的文学把握，对艰涩与深刻的人生哲理的捕捉与把玩，尚在边缘之处张望。但其进入与浸润已为期不远。这也是我为之写序的目的。

2013 年 1 月 28 日凌晨

目 录
CONTENTS

引　言　002

清华附中的史铁生　008

陕北插队的史铁生　026

生活在别处　036

旧园地坛的史铁生　056

渐行渐远的史铁生　120

后　记　136

>>> 《史铁生的日子》

引言

"时间不早了可我一刻也不想离开你,一刻也不想离开你可时间毕竟是不早了。"《我与地坛》中的喃喃自语成谶了,作家的"节日"终于来临了。

2010年12月31日凌晨3点46分,史铁生因为脑溢血在北京去世,距2012年1月4日作家的60岁生日还有4天。

这个早已参透生死的作家生前嘱托,愿一个人悄悄地来,悄悄地走。但各种自发的追悼活动还是纷至沓来。1月4日这天,史铁生的好友王安忆在复旦大学举办了一场追思会;中国作家协会、北京作协、中国残联和史铁生的亲朋好友在北京798艺术区遥念史铁生;《天涯》杂志发起的烛光活动也得到了几十位作家和一些文学期刊的响应。

死亡对于史铁生来说并不陌生。他曾轻轻地将它从自己的生命中拿出,再重重地印成铅字。只是当它真正来临时候,它才从纸面跃出,烙入人们的心中。

2010年12月30日下午四点,史铁生结束透析坐车回家,刚躺下就感到头疼难忍,到了晚上6点,史铁生脸色苍白,已经开始进入昏迷状态,120急救中心将史铁生送到朝阳医院,经大夫仔细检查之后,诊断出"突发脑溢血",此时正在美国学医的朋友孙立哲希望史铁生做开颅手术,而手术的效果会有两种:一种是和不做手术一样,一种是史铁生变成植物人。

其实像这样的绝对两难选择,已不是第一次而是第二次被摆在史铁生和陈希米面前了。第一次是在1998年初,那时史铁生已被"尿毒症"折磨到苦不堪言,而当时史铁生的好友孙立哲恰恰人在北京,史铁生就把自己想尽快"玩儿完"的打算对他如实说起。从来就对生活乐观、充满激情且行医多年的孙立哲,迎面劈头只一句话就把史铁生从死亡边缘拉了回来。之后史铁生是这样提起孙立哲的那句言辞的:

"你还根本没亲身经历,你怎么就敢断言,一旦透析之后,你的生活就不会是另一番有意思呢?"

"哎!这句话还真就把我给问住了。对呀!什么还都没开始,我怎么就能断定未知就一定没意思呢?"史铁生回忆道。

而这一次,史铁生的生命又一次琴弦若断地飘渺到了人生边上,挚友孙立哲仍如1998年那次提醒陈希米要不惜一切代价、不问结果去抢救史铁生。可是这一次陈希米却代表史铁生做出了完全不同于12年前那"生活在别处"的另外抉择。

史铁生病发之时被送到离家仅三站的朝阳医院,但由于朝阳医院不能完成史铁生的遗体捐献,又被转送到宣武医院,在宣武医院,妻子要按照史铁生的意愿完成一系列的捐赠手续。

据史铁生的朋友回忆,每次陈希米离开史铁生签署捐赠表格时,躺在病床上的史铁生就会咳嗽、晃脑

<<< 《病隙碎笔》

袋,全身性剧烈地挣扎,从喉咙深处发出"吱吱"声。而陈希米回来就像连哄带教训孩子一样地说:"你别闹你别闹,我不是在这儿吗?"这时史铁生就会慢慢安静下来。这样的情景发生了三次,最后陈希米只好将签署手续摊在史铁生的病床上一一完成。

无论周围的亲朋好友怎么劝陈希米坐下来休息,她却完全置若罔闻听而不见了,自己该怎么呵护史铁生,完全都照平常一样。史铁生曾对陈希米说:"我要在能够坦然死的时候死,在你能坦然接受我死的时候死",陈希米她做到了。当陈希米签完所有捐赠手续之后,她平静地说:"人,没有得到爱情时,会感觉自己痛苦。但如果人遇到了真爱,面对此时此刻,难道不比没有得到爱情更痛苦吗?"

史铁生的好友何东曾对陈希米和史铁生的关系有过这样一段回忆:自己不记得究竟去过史铁生家多少次。而从1989年陈希米和史铁生结婚到2010年,他曾开玩笑地问过他俩:"你们之间到底该算是一种什么关系呢?每一次陈希米都会毫不犹豫地回答:一直都是恋爱关系。我虽然当时也会点头,好像听明白了她说的是什么意思,但也只有真到了这一刻,我才切实感受到,史铁生与陈希米之前所说的那种'恋爱关系'到底是怎样的一种关系。"

尽管躺在病床上的史铁生大脑充满溢血,但周围的一切他显然全都能感知到。而这一层属于灵魂的空间交流,只存在于史铁生和陈希米的"恋爱"之中。这种"恋爱"并不是我们普通人一般意义上的感情交流,而是真正灵魂意义上的相近、相亲、相爱。

史铁生病倒那天晚上,经过几位医生一番详细的讨论解释,这才明白:朝阳医院和宣武医院都不具备器官移植资质和手术设备条件。而在北京与天津红十字会直接挂钩的,就只有武警总医院。于是从30日当晚六点开始进入朝阳医院急诊室,又转入宣武医院脑外科,再到31日凌晨2点多病情还在加剧的史铁生,还得被抬上救护车,转入第三家医院,这样才有可能完成史铁生生前的意愿。

之后发生的所有经过,情况恰恰与史铁生在《说死说活》中事先预料的有所不同。作家生前认为"最拿得出手"的两张角膜并没有被采用,而他认为功能比较弱的肝脏,却与天津那位接受器官捐赠者完全配型成功。

轮椅上坐了近40年，透析了13年的人走了。追悼会上，描述史铁生的词有很多，有人赞他是"一个伟大的作家"，有人说他是一代作家的"理想"，也有人说他太透彻，以至于他对文学的研究难以展开，无论哪一种，都在说他与社会的关系，说他的成功之处。这些固然重要，但是堆积在这些成功底部的却是在人生路上行走了近60年，但在轮椅上度过了40年的日常生活，这些令我敬意油然而生。"史铁生作品系列"的责任编辑，在得知史铁生逝世后，给大家讲了这样一幕生活情景。史铁生每周透析三次，开始是朋友用车送他，先把他抱上车，再收起轮椅，并不方便，后来他们决定自己行动。妻子陈希米要去上班，每次从家去朝阳医院透析，都是保姆陪史铁生一起。史铁生开着自己的电动轮椅，保姆骑着自行车。陈希米下班之后就去医院接他。三个人一起回家。不管刮风下雨、下雪，都是如此。活着，如此朴实的目的在史铁生这里却显得异常的艰辛。日常生活多了，堆积出爱情，日常生活沉重无比，升华出了文学、宗教和哲学。就虚构能力来说，史铁生算不上一个伟大的作家，然而能在暗无天日的日常生活中活得有精神品质，有高洁人格，甚至有滋有味的人，方是伟大所在。

>>> 《扶轮问题》

清华附中的史铁生

中学时代的史铁生在好友中的印象是这样的。胸背略微向前倾，走路有点外八字；眼睛小小的，目光沉稳；圆而大的鼻头实实在在端坐在脸庞中央，威风八面；上唇两撇淡黑色的胡须给面孔增添了几分老成，举手投足间透露着稳重、潇洒和自信。孙立哲——史铁生的挚友，他在《想念史铁生》中是那样描述史铁生的，并且还提到很多自己和史铁生一起在清华附中读书的日子。

史铁生家与清华有缘份。史铁生在奶奶家长大。奶奶带着史铁生的父亲和两个弟兄三家人合住一个四合院——北京草厂胡同39号，三世同堂。史铁生的大爷史耀增，1951年1月从清华大学化工系毕业，全家庆贺；史铁生正好在这个月出生，双喜临门。孩子们吃、喝、玩、念书都在一起。堂兄妹之间，按一家人实行大排行，史铁生是父母所生老大，大排行老三。史铁生的父亲史耀琛排行老二，没考上清华，上了北京农业大学林学系，毕业后曾去东北，辗转回北京。史铁生的母亲在北京林学院工作。林学院和清华隔一条马路，对面的清华大学收藏着父母的梦。

史铁生自幼记事早，他在《记忆与印象》中有这样一段叙述："我记事早的一个标记，是斯大林的死。有一天父亲把一个黑色镜框挂在墙上，奶奶抱着我走近看，说：'斯大林死了。'镜框中是一个陌生的老头儿，突出的特点是胡子都集中在上唇。在奶奶的涿州口音中,'斯'读三声。我心想,既如此还有什么好说,这个'大林'当然是死的呀?……多年以后,我才知道,那是1953年,那年我两岁。"这段幼稚的对话显示出作家超强的记忆能力。

1964年8月29日是清华大学附中新生注册日,史铁生分在初中64—3班。史铁生是住校生。清华附中专门组织排子车,到清华门外的公共汽车站接远道而来的住校生,这些新生大多来自城里,也有少数海外归侨。史铁生住校的宿舍是一座四层的砖楼,第一至三层是男生宿舍,第四层是女生宿舍,一律筒子楼格局。楼层中间贯穿一条黑幽幽的甬道,两边各是一溜寝室,每间房里支着4个上下铺架子床,睡8个学生。室内中央吊着一个白炽灯泡。室内没有桌椅和其他家具,读书学习一律在教室和床上进行。每层楼有个公共漱洗室。史铁生在这宿舍楼里住了大约3个年头。

开学不久,教语文的董老师让史铁生在课堂上朗诵了自己的作文,写他小学一位老师,不但文笔好,而且朗读时声情并茂,全班听了一起感动。课后同学们反响很大,好评如潮。当时清华附中语文教学方法之一是选出优秀的学生作文,让学生们自己在课堂上读,促进师生互动,这是清华附中精英式语文教学的一大特色。史铁生早年把直接与间接的经验用丰富的语言形成结构,在中学先声夺人,引起回响。

史铁生有语言天赋,我们可以从《合欢树》中看出:

<<< 《插队的故事》

"10岁那年,我在一次作文比赛中得了第一。母亲那时候还年轻,急着跟我说她自己,说她小时候的作文作得还要好,老师甚至不相信那么好的文章会是她写的。'老师找到家里来问,是不是家里的大人帮了忙。我那时可能还不到10岁呢'我听得扫兴,故意笑:'可能?什么叫可能还不到?'"

可见史铁生可能是遗传了母亲这一优点。

史铁生中学时期的两位老师董玉英和王玉田是一对残疾人夫妇。"残疾"和"死亡"这两个词不仅仅是概念,它们以鲜活而残酷的面孔早早地走进史铁生的人生词典。董玉英老师从师范大学毕业不久,是史铁生的语文老师,董老师患小儿麻痹后遗症,走路跛行;王玉田老师是史铁生的音乐老师,王老师有更深重的残疾,先天性心脏病,左右两个心室之间有多个孔洞,无法手术修补。平时嘴唇呈微紫色,只能走路,不能跑,不然就喘不上气。更惊人的消息是:医院的专家判定王老师活不过30岁!学生们对老师充满敬意,王老师最后在学生们为他组织的专场音乐会的舞台边倒下,史铁生那时正举着鲜花要献给他。几米的距离,死神在意想不到的时刻现身,分秒之间天人永隔,留下无法弥补的遗憾!史铁生在文章《纪念我的老师王玉田》中写道,"我最终从事文学创作,肯定与我的班主任是个艺术家分不开,与他的夫人——我的语文老师分不开。在我双腿瘫痪后,我常常想起我的老师是怎样对待疾病的。""恰似我们当年。纯洁、高尚、爱和奉献,是他的音乐永恒的主题;海浪、白帆、美和创造,是我们从小由他那儿得来的憧憬;祖国、责任、不屈和信心,是他留给我们永远的遗产。"

中学时期正是一个人的价值观、人生观以及世界观的形成期。而中学阶段的老师对学生的影响无疑是巨大的。史铁生读初中的时候,就遇到了一对残疾夫妇老师,但身残志坚的两位老师却又那么地才华横溢,正如他在《纪念我的老师王玉田》一文中所说,王玉田是"我"初中两年的班主任,"那时他才二十八九岁,才华初露,已有一些音乐作品问世。""他的夫人我们的语文老师董玉英,那时可能还要年轻些,快乐、奔放,而且非常漂亮(她的腿有一点残疾,常令大家觉得上帝也有一些错误)"。而这些对于史铁生来说,

《记忆与印象》

都有着特殊的意义。我想作家在他少年时期,对于两位残疾老师的认识是肤浅的,那时"残疾"于他是陌生的,只是一个启蒙的字眼,在少年的情怀中,残疾不过是身体和正常人略有不同,作为一个十几岁的孩子,不会也不可能认识到那些精神上的抑或情感上的障碍,更不可能感知到整个社会对残疾人一些奇怪的看法。而当作家20岁以后,双腿瘫痪,史铁生才深刻地体会到当年老师的心情。那种灵魂的触碰,才有了交流的桥梁。

两位老师对于工作的认真态度也深深地影响着史铁生。尤其是患有心脏病的王玉田老师,尽管知道自己的生命不长,但却尽量拓宽人生的宽度,增加生命的厚度。王玉田老师对教育事业的热爱,对音乐的执著,以及用尽全部心血浇灌祖国未来花朵的精神,令史铁生感受颇深。这对残疾夫妇教会了史铁生什么是爱,什么是美,什么是责任,什么是信心。这些都在史铁生后来的人生道路上扮演了重要角色。

而老师对待心脏病的乐观豁达的人生态度更是激励着史铁生与疾病对抗，与命运抗争。史铁生在文中是这样描述王玉田老师对待疾病的"有一天听说老师患有一种很麻烦的心脏病，活不到30岁，女生们传达这一消息时的语气甚至有些绝望。大家惊讶一会，担忧几天，见王老师并不比谁走得慢也并不比谁笑得少，相信那不过是医生的危言耸听，便不放在心上。""王老师也没有把病放在心上，他更喜欢大家认为那是医生的危言耸听。"王老师能在死亡随时可以来临的情况下，热心于自己的事业，编写教材，组织合唱，将自己的生命价值发挥到极致，这种对待生活的态度，是史铁生后来重病缠身仍不忘笑口常开，乐观写作，积极生活前进的动力。可以说早早走进史铁生生活中两位老师的经历，潜移默化地挽救了残疾后的史铁生。而史铁生也正是在王玉田老师的精神鼓舞下真正做到了用生命写作。

史铁生不但文笔好，朗诵也很有演员风范。一首《黄山松》诗歌被他朗诵得抑扬顿挫，仿佛舒展出一幅画卷。

> 好！黄山松，我大声为你叫好，
> 谁有你挺得硬，扎得稳，站得高；

九万里雷霆，八千里风暴，
劈不歪，砍不动，轰不倒！
要站就站上云头，
七十二峰你峰峰皆到；
要飞就飞上九霄，
把美妙的天堂看个饱！
不怕山谷里阴风的夹袭，
你双臂一抖，抗得准，击得巧！
更不畏高山雪冷寒彻骨，
你折断了霜剑，扭弯了冰刀！
谁有你的根底艰难贫苦啊，
你从那紫色的岩上挺起了腰；
即使是裸露着的根须，
也把山岩紧紧地拥抱！
你的雄姿像千古高峰不动摇，
每一根针叶都闪烁着骄傲；
那背阳的阴处，你横眉怒扫，
向着阳光，你迸出劲枝万千条！
啊，黄山松，我热烈地赞美你，
我要学你艰苦奋战，不屈不挠；
看！在这碧紫透红的群峰之上，
你像昂扬的战旗在呼啦啦地飘。

史铁生读出了文章的神韵。同学们听得心弦颤动，如痴如醉。

史铁生在中学时代全年级有名,不仅作文、朗诵好,而且还懂无线电。学校为新生开列了多个业余活动小组,每人根据自己的爱好选一到两个,除了各种文艺、体育以外,还有无线电小组。史铁生也爱好无线电。正如他的挚友所说,假如史铁生没有后来的人生遭遇,他也许会成为一个建筑设计家、或者物理学教授、或者工程师。

史铁生喜欢几乎所有的体育活动,乒乓球、羽毛球、排球、篮球等。挚友孙立哲回忆史铁生在宿舍后面篮球场上带球上篮的样子:"虚晃一下身体,拍球过人,跳起来转身侧手投篮。虽然弹跳不高,姿势蹩脚,但投篮命中率挺高。"史铁生在散文《我的梦想里》说:"其实我是第二喜欢足球,第三喜欢文学,第一喜欢田径。"

"我能说出所有田径项目的世界纪录是多少,由谁保持的,保持的时间长还是短。譬如说男子跳远纪录是由比蒙保持的,20年了还没有人能破。"

史铁生在体验比赛中发现自我、体验极限、对体育的爱好跟了他一辈子。中学时代的史铁生代表初64—3班比赛80米跨栏。他跑步姿势奇特,外八字脚带着上身打晃,两个胳膊横着往外摆。他的跑姿有点像螃蟹。那意思是说:"你们都离我远点儿,我来了,有一股子横劲儿。"每跨过一个栏,头左右一摆,跨过

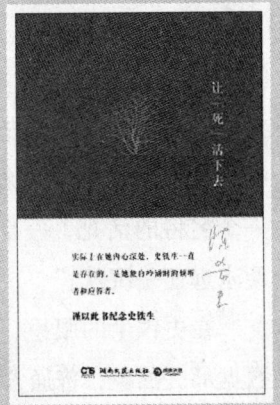

<<<
《让"死"活下去》

最后一个栏时,已经领先,得了第一名,同学们都齐声叫好。

史铁生读中学期间,是圆明园的常客。他经常和朋友一起去那里散步聊天、读书思考。圆明园占地350公顷,与清华附中相隔一条马路。开学不久的一堂历史课别开生面。老师特地利用上课时间带着学生们去凭吊一百多年前英法联军火烧圆明园的遗址。史铁生第一次见到圆明园"西洋楼"遗骸。圆明园和地坛是北京当年两座最大的废园,它们在不同时期以不同的模样和方式融入史铁生的世界观,它们曾倾听人世间最蓬勃的一片心语。史铁生后来在写作中追问历史的本真,他在《病隙碎笔》中借用赵子龙枪下的死鬼遥想历史中死去的兵丁们:

"某一无名死者,曾有着怎样的生活,怎样的期待,曾有着怎样的家,其家人是在怎样的时刻得到了他的死讯……当然,他不必非得是名人,是个普通人足够。但一个普通人的心流,并非普遍情感就可以概括,倘那样概括,他就仍只是一个王命难违的士兵,一个名将的活靶,一部名著里的道具,其独具的心流便永远还是沉默。"

在史铁生的眼里,历史不是那些编年表里枯燥的数据那么抽象,普通人才是史诗的主角。

在清华莫宗江教授家里,史铁生和好友第一次见到了大量裸体画。那是初一结束放暑假的一天,史铁生和好友在同学莫京家里玩。莫京知道史铁生喜欢画画,在附中里已经颇有名声。莫京是莫教授的儿子,莫宗江是清华建筑系教授——梁思成的主要助手。史铁生一进屋看见一个巨大的桌子,上面铺着一层层的建筑设计图纸,史铁生和好友一起翻着日文版《世界美术全集》,正看得津津有味,突然一个美丽的西洋少女从书里站出来,一丝不挂,两只丰满的梨状乳房上点缀着两颗粉红色乳头,丰韵的臀线条和下身细节栩栩如生。史铁生满脸涨得通红,直达耳根。缓过神来,他急急地把这页翻过去。"文革"前是性禁锢的年代,在十几岁的少年思想里,看色情图片是流氓罪,最低限度是劳动教养。史铁生和好友看完图画之后都心照不宣地走出了莫京家。

初一结束时,史铁生成了全年级公认的"德、智、体全面发展"的顶尖学生之一。他除了学习好之外,还喜欢听音乐，看电影。中学时代的史铁生，有时周日不回家，和几个走读生在清华园里"放浪形骸"。放学之后，史铁生喜欢在清华园的碎石路上边走边吹口哨，歌曲随性而来，音调很准，功夫一绝。经常吹的曲调有电影《铁道游击队》主题歌《弹起我心爱的土琵琶》："西边的太阳快要落山了，微山湖上静悄悄，弹起我心爱的土琵琶，唱起那动人的歌谣。爬上飞快的火车……"音调悠长，大伙儿也都跟着哼哼。

史铁生还喜欢看电影。清华的电影票和粮票一样，没地方买，大学各个系里按教工人头配给。史铁生挚友的母亲在建筑系替工会负责分配电影票，有些教工因病或有事主动放弃，剩余的票就带回家给史铁生他们，不过常常是偏座或站票。看完电影，史铁生会和同学们一起去合作社买零食。有一次正赶上纪念校庆的展览，史铁生和好友们在去买零食的路上看到了两幅放大的彩色油画。那时科技还很落后，大幅彩色照片很少见。照片中，几个穿着连衣裙的漂亮女生斜坐在大礼堂前的草坪里，姑娘们像一簇簇鲜艳的花朵。史铁生认真地在橱窗前来回端看了好一阵子，好友们都没说话，浮想联翩。

史铁生与同龄人一样，家庭传承和社会环境决定自己的价值观。中学时期的教育，将人分为两种，非好即坏。《半夜鸡叫》里的周扒皮和高玉宝、《东方红》歌舞剧里的地主狗腿子。阶级从抽象概念演化成具体人物。可这种脸谱化教育与史铁生生活中的真实状况南辕北辙。史铁生在上小学的时候,偶然得知自己挚爱的奶奶是个地主婆,这个消息犹如晴天霹雳。他在《奶奶的星星》中写道:

"有好几年,我心里总像藏着个偷来的赃物。听忆苦报告的时候,我又紧张又羞愧。看小说看到地主欺压农民的时候,我心里一阵发慌、发闷。我也不敢唱那支歌——'汗水流在地主火热的田野里,妈妈却吃着野菜和谷糠',过队日时,大家一起合唱,我的声音也小了。我不是不想唱,可我总想起奶奶,一想起奶奶,声音就不由得变小了。奶奶要不是地主多好呵!"

上了初中,史铁生面对日益复杂的世界,内心的冲突和矛盾越来越多,恨自己亲爱的奶奶,这如何做得到?他在同学眼中沉默寡言,少年老成。此时的史铁生在悄悄地独立思考,他的好友也是后来才知道他心里藏着这个秘密的。

1966年5月29日,在圆明园的乱石中,一群清华附中的学生草创了红卫兵组织。如果把"文革"比作一场地震,清华附中就是震中地带。史铁生是个"德、智、体"全面发展的好学生,革命者一看史铁生的长相,就认为史铁生是一株"修正主义的苗子"。"文革"开始,红卫兵给老师和校长贴大字报。史铁生同情领导,心中不服,运用政治逻辑:"反对党员就是反

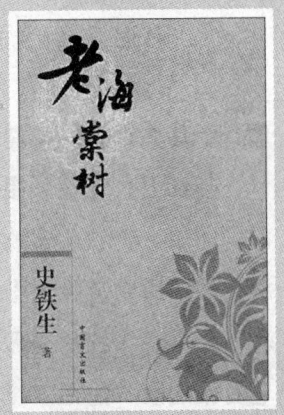

<<<
《老海棠树》

对党支部,反对党支部就是反对校党委,反对校党委就是反党,就是反革命。"史铁生在接受阎阳生采访时谈道:

"1966年'文革'时,我在清华附中上初二,刚刚15岁。我是职员出身,所以我就站在保校领导这边了。我画了张漫画,一个人,一个耳朵大一个耳朵小,偏听偏信。是贴给外校来支援红卫兵的人看的。韩家鳌书记把我叫到一边去,特别地鼓励了一番。但我不解的是,为什么那么多和我站在一边的人在一夜之间马上就转到红卫兵那一边去了?怎么忽然就说校领导是修正主义的?工作组一进校,我就懵啦。所以说我那时智性未开。"史铁生后来回忆道:"史无前例的事太多,听也听不过来,想也想不过来。不断地把人打倒,人倒不断地明白了许多事情。打人也是为革命,骂人也是为革命,光吃不干也是为革命,横行霸道、仗势欺人、乃至行凶放火也是为革命。只要说是为革命，干什么都有理。理随即也就不值钱。"

与红卫兵交往，参加政治运动，给史铁生留下了深刻印象。史铁生多次提到这是他观察道德冲突、理解人性本质以及后来思考政治哲学的起点。"红卫兵运动"期间，史铁生也跟着几个激进的同学到清华抄过老右派的家。他在《文革记愧》中写到自身的彷徨和无奈：

"我在学校里也想参加红卫兵，可是我出身不是红五类，不行。我跟着几个红五类的同学去抄过一个老教授的家，只是把几个花瓶给摔碎，没别的可抄。后来有个同学提议给老教授把头发剪成羊头。剪没剪我就不知道了，来了几个高中同学，把非红五类出身的人全从抄家队伍中清除出去。我和另外几个被清除出来的同学在街上惶然地走着，走进食品店买了几颗话梅吃，然后各自回家。"①

因为史铁生与"黑五类"只隔着一张薄纸。史铁生的父亲是林业部的职员，母亲是会计。史铁生的爷爷是大地主，在河北涿州乡下曾远近闻名，后来在战乱中败落，姥爷是国民党的涿州县党部书记长，上世纪五几年镇反时被枪毙的。史铁生的父母是门当户对的包办婚姻，都是涿州的大地主。而史铁生又是奶奶

---

① 岳建一. 生命——民间记忆史铁生［M］. 北京：中国对外翻译出版有限公司，2012：38.

带大的。正如史铁生在《奶奶的星星》一文中写道:

"'文化大革命'一开始,奶奶又戴上了一顶'帽子',不叫地主,叫'摘帽地主'。其实和地主一样,占'黑五类'之首。所不同的是,'摘帽地主'更狡猾些;一个地主,竟然能够'摘帽',显见其伪装是何等的高明,其用心是何等的险恶,对社会主义的威胁是何等的不可低估。而且这也成了'刘邓路线'的罪行之一。"

史铁生知道,与班里的"黑五类"相比,他血统中的颜色也许更"黑"。史铁生的爷爷早死了,但奶奶还活着,让人家知道,"黑五类"出身的消息难免走漏。那时候城里天天都有抄家批斗的事情,奶奶害怕史铁生遭到牵连,主动返回了涿州农村老家。史铁生在《奶奶的星星》一文中详细记录了这个过程:

"妈妈让我回学校去住。我上中学的时候住校。妈妈说:'这一阵子先不要回家,有什么事我去找你。'妈妈给我了30块钱,60斤粮票,看来够两个月的伙食费了。"

"一天,妈妈到学校来找我,对我说,要是想回家就到她的单位去,她在那儿找了一间房,奶奶已经回老家了。"

"我倒是松了一口气。那些天听说了好几起打死人的事了。不过坦白地说,我松了一口气的原因还有一个:奶奶不在了,别人也许就不会知道我是跟着奶奶长大的了。我生怕班里的红卫兵知道了这一点，算我是地主出身。"

正因为如此，史铁生一辈子都没入过团。幸运的是史铁生在其母亲的精心安排下躲过这一劫。史铁生在"红八月"中侥幸逃脱了"黑五类"的厄运，心灵却在这段时间得到了一场血雨腥风的洗礼，我想他也是因此，内心变得更为强大。

史铁生一生中大凡有了疑问，便要刨根究底，不弄明白不罢休。姥爷到底是个什么样的人。作家在《记忆与印象》中写道：

"有一天，母亲郑重地对我讲了姥爷的事。他死的时候还不到50岁吧？那年他让日本人抓去了，打得死去活来，这下大伙才知道他是个抗日的呀……

后来听说有人把他救了出去。没人知道去了哪儿。日本投降那年，有人说又看见他了，说他领着队伍进了城。我们跑到街上去看，可不是吗？他骑着高头大马跟几个军官走在队伍前头……

这个人呀，那可真叫是先知先觉！听说过他在村里办幼儿园的事吗？自己筹款弄了几间房，办幼儿园，办夜校，挨家挨户去请人家来上课，孩子们都去学唱歌，大人都得去识字，我还让他到郊区给夜校讲过课呢……

原来姥爷是个抗日英雄，日本投降后退伍回乡担

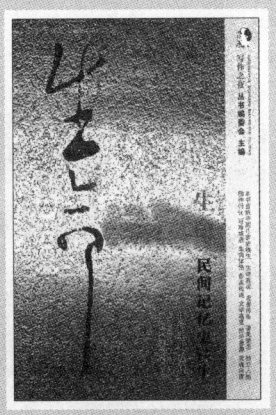

《生命 民间记忆史铁生》 <<<

任国民党县党部书记,热心公益事业,显然姥爷是个好人。

快解放的时候,他的大儿子从外头回来,劝他快走,先到别的地方躲躲,躲过这阵子再说,他不听嘛……他说:'我又没贪赃枉法欺压百姓,共产党顺天意得民心那好嘛,我让位就是,可是你们记住,谁来了我也不跑。我为什么要跑?'"

史铁生的姥爷就因为跟着国民党的队伍而不是共产党的队伍打日本,解放后遭到镇压。姥爷至死也没弄明白。

>>> 《扶轮问路》

陕北插队的史铁生

1968年底到1969年上半年,清华园的孩子们被上山下乡狂风吹得七零八散。史铁生的母亲曾经找到学校宣工队,说孩子患有先天性脊椎裂不能到农村长期劳动,本来他应该留在北京的,但却主动报名插队,所以大家都很佩服他。可是根据作家在《插队的故事》中的描述,史铁生当时应该只是为了跟随潮流。他在文中写道:"发自心底想去插队的人是极少数。像我这么随潮流,而又怀了一堆空设的诗意去插队的就多些。""延安对我确有吸引力。……我那时既不懂发愁,也不太想什么前途,一切单凭兴趣,随潮流。"

史铁生、孙立哲等人去了延川县,好友陈冲去了宜川县插队。去插队前,史铁生心情很激动,他还特地向母亲要了钱,买了箱子,几身衣服,皮帽,还买了一双白色的"回力"鞋。醉心于插队的史铁生精心准备了自己的行李,有机会就对人说:"我要走了,插队去,八成近不了。"大人们看了都叹气,史铁生也煞有其事地叹气,作沉思状,仿佛只有那样才更不像个孩子,更有要出远门的感觉。

史铁生办事稳重,特别好脸面。1969年去延安插队前,史铁生参加了街道办的"红医工"培训班,学会针灸和诊治头疼脑热。到了村里,带着好友孙立哲、曹博等一起访贫问苦,拿着《"赤脚医生"手册》给老乡看病。没想到一周后的一大清早,生产队长张国祥推开大家住的窑洞对史铁生说,"我婆姨奶疼哩",

让史铁生去给年轻的媳妇看乳房。史铁生听了一阵发怔,鼻头泛出了紫色。不但"红医工"培训班没有教如何看奶,而且那时十几岁的少年谁也没见过女人的乳房,想起这两个字都心跳。后来还是让"不要脸"的孙立哲去诊治了。

插队回京期间,史铁生和好友们有时聚会,大家在一起,谈天说地。陈冲年纪稍长史铁生等人几岁,对感情之事略知一二,史铁生和他的兄弟们都说好友陈冲是他们性知识的启蒙者。1969年4月份左右,史铁生因腰部不适,由孙立哲等好友陪护回京治病,经过一段时间调治,史铁生的腰疾有了好转,又正逢春忙将至,史铁生和好友们商量先去延川,看看在那里的清华园的其他小兄弟们,同行中还有两位同一大队的女生,一行总共六人。

四男两女结伴而行,六人中有两人没有火车票,凭着站台票上的车。大家一路上胡侃乱编,什么"知识青年改造农村面貌"啦,什么"与贫下中农相结合"啦,引得周边旅客个个瞠目结舌。其中要数史铁生的好友陈冲最能说,史铁生和孙立哲在一旁帮衬喝彩。不知怎的,乘务员将车厢里所发生的事情,向列车长作了汇报。列车长闻讯而来,说大家是伟大领袖的好青年,积极响应号召,与贫下中农相结合,成绩斐然,希望大伙儿派代表去列车广播室,向全车做宣讲。孙

<<<
《灵魂的事》

立哲、史铁生力推陈冲去,就这样,陈冲对着麦克风,上下嘴唇不打磕巴地吹起来。正如史铁生给陈冲的打油诗中所写:

"当年工字厅前乱,陈冲怒目惊一片。"
"未曾落座先吹牛,圣地扎根修地球。
继之讲用'老三篇',有志青年美名传。"
……

陈冲胡吹了大约一个小时,回到座位,史铁生、孙立哲再也按捺不住,捧腹大笑。也多亏了陈冲的一张嘴,没票的两人顺利到达西安。

大家在西安史铁生的三叔家里叨扰了几日,便折返去游华山。登山途中,大伙儿玩兴正酣,忽然乌云密布,雨雾沿山路直上山顶,刹那间天降大雨。慌乱中,大家躲进了一座道观。观内四面透风,衣单无食,饥寒交迫，史铁生本就单薄，上牙磕下牙地打摆子，好友李宁壮实，脱下棉袄给史铁生披上。熬到半夜，大家都饥肠辘辘，决定派代表去讨吃要饭。好友陈冲跑到气象站要了几个杂面馍。大家狼吞虎咽，史铁生、孙立哲噎得直打嗝，但还不停地往下咽，生怕少吃一口。好不容易熬到东方发白，便披着晨雾，爬到山顶看日出。血红的旭日破云而出，洒着金光，晨间的小鸟叽叽喳喳，大家都沉浸在大自然的怀抱中，史铁生坐在岩石上，抱住膝盖凝望远方，神秘的微笑着，什么都不说。两位女生神情投入，可能是景色撩人，拨动了少女的心，只见其中一位女生盯着李宁，不住地放电，弄得李宁不知所措。下山时节，李宁惊得一路小跑，那女生也跟着追上前去。男在前，女在后，史铁生和孙立哲从没见过这场面。那回算是给他们上了一堂生动的情爱示范课。

从华山归来，大家便辞别史铁生三叔家，回延安了。史铁生在延安关家庄插队，到了晚上，劳累一天的兄弟们，围坐在一起，天南海北地聊，从北京聊到陕北，从相聚聊到分离。史铁生后来在笔记里写了打油诗："关家庄上土崖前，彻夜神聊不知眠。壮志未酬待何时，畅想未来无限事。"可见，史铁生插队时候的生活丰富多彩。

此外李子壮在"绝地自拔——记忆碎片"中，也提到了史铁生插队时候的趣事。和史铁生一起到关家庄插队的女生共 11 人。关家庄知青的主体是清华附中初 64—3 班的，男五女八。史铁生就是这个班里年纪最大的。由于知青多数人只愿上山革命，不愿做饭，春节后不久，一场震动全村的男女知青大闹后，大伙儿开始分灶。分灶以后，男女生宛如陌生人，互不往来。史铁生率先垂范，一脸严肃，一般不轻易对女生发表评论。可是当女知青樊玲玲当众晕倒后，史铁生在笔记本上写下来一段赞赏文字，不幸被李子壮等好友看见了，而且还被孙立哲朗诵，第一句话好像是"她真坚强……"结果史铁生很生气，第一次朦胧的爱恋被别人揭穿，而且还当众做笑料，实在是一件很伤自尊的事情。樊玲玲和史铁生的关系究竟如何？李子壮就此专门问了好友陈小敏。陈小敏提供了一些情况，正如史铁生在《黄土地情歌》里描述的：

"不知是谁弄来一本《外国民歌两百首》，大家一起先被歌词吸引。譬如：'有位年轻的姑娘，送战士去打仗。他们在黑夜里告别，在那台阶前。透过淡淡的薄雾，青年看见，在那姑娘的窗前，还闪烁着灯光。'多美的歌词，大家都说好，说一点都不黄，说不仅不黄，而且还很革命。于是大家都学唱。认真的程度不亚于学《毛泽东选集》。"

有一次男生唱着《外国民歌两百首》走在庄里，史铁生嗓子好，自然是主唱，唱的正忘情，忽然迎头碰上了女生，虽然忙打住但为时已晚。料必那歌声早已传入姑娘的耳朵。樊玲玲回窑后愤怒地说:"史铁生学坏了。"当年男女知青之间的朦胧情愫,是很单纯的。现在的人们是很难理解的。

史铁生在绘画上颇有天赋。插队以后,虽然中意作画,但已无用武之地。1970年间,史铁生突然发现,丹青之技虽不能名动一时,但足以在乡下糊口。起因就是他说乡下画匠画的那对结婚用的箱柜实在太蹩脚,过于庸俗。老乡用怀疑的口气反问了一句:"那你给我画一对?!我包吃包抽(纸烟),还给工分。"

那时候的史铁生正饿得心慌,为了那香喷喷的杂面条,就同意了。从第一次给会计王生荣画箱子开始,名声大震,一发不可收拾。直到富农刘世农把他画的箱子挑到集市上去卖,关家庄干部找他谈话:"老乡自用可以帮忙,但拿去卖,那就是资本主义倾向了。"于是只好作罢——一个绘画天才就这样止步了。

据史铁生的朋友回忆,史铁生还喜欢下象棋。插队伊始,闲暇之余,史铁生就和朋友下象棋。李子壮回忆道:"史铁生最反对旁人支招,特别是给他支招。史铁生自制棋盘的楚河汉界上,用漂亮的隶书写了一句俗话:'河边无青春,不用多嘴驴。'"但是积习难改,又非正式比赛,大家难免插足战局,评头论足。史铁生虽然心里不高兴,但也不犯事,于是,不论别人所支之招是高招还是臭棋,不论是符合他的本意或出自他心,一律拒绝。别人让他走象,他非得出车,

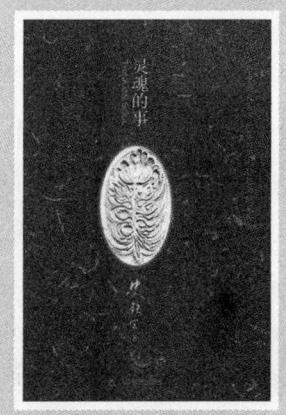

<<<
《灵魂的事》

别人让他跳马,他非得拱卒。其结果往往输棋,还落下一个"太轴"的评价。现在看来,史铁生如果不是如此不计成败地坚持,他的人生也不会如此精彩。

清华附中去延安插队的这批人是带着遇罗克的《出身论》和德热拉斯的《新阶级》下乡的,而这些书在当时被称为对社会影响最大的"毒草"。下乡插队则给这些青年提供了了解外面世界的机会,他们可以脱离政治或外界的干扰,自由地看自己喜欢的书。而史铁生下乡的时候是带着一箱子马列经典和哲学、文学名著下乡的。史铁生是这样总结这段时期的生活的:

"在校参加'文化大革命',热情有余偏出身不足,故心存向往却始终无作为,属'逍遥'的一派。逍遥之间读了些书,读了'鲜花'也读了'毒草'自然也有小疾而不辞,自愿去革命圣地延安插队落户,究其缘由:三份虔诚,七分好奇。插队期间努力劳动,种了一年地,喂了两年牛,衣既不丰食且不足,与农民过一样的日子,这才看见一个全面的中国。"

史铁生确实是在陕北了解了很多农村生活,他在陕北的喂牛生涯算是他插队时最得意的篇章。他在《我的遥远的清平湾》中开篇就提到:"北方的黄牛一般分为蒙古牛和华北牛。华北牛中要数秦川牛和南阳牛最好,个儿大,肩峰最高,劲儿足。华北牛和蒙古牛杂交的牛更漂亮,犄角向前弯去,顶架也厉害,而且皮实、好养。对北方的黄牛,我多少懂一点。这么说吧:现在要是有谁想买牛,我担保能给他挑头好的。看体形,看牙口,看精神儿,这谁都知道,光凭这些也许能挑到一头不坏的,可未必能挑到一头真正的好牛。关键是得看脾气。拿根鞭子,一甩,'嗖'的一声,好牛就会瞪圆了眼睛,左蹦右跳。这样的牛干起活来下死劲,走得欢。疲牛呢?听见鞭子响准是要把腰往下一塌,闭一下眼睛,忍了。这样的牛,别要。"可见史铁生在陕北是对牛有过考究的。他在陕北,从破老汉和牛身上读懂了人性、历史,也读懂了自己。

史铁生的思想从插队的时候就表现出深沉的一面。他在插队时做的读书笔记中,抄有这样一段话:

"真正的光明决不是永没有黑暗的诗句,只是永不被黑暗素掩蔽罢了。

真正的英雄决不是永没有卑下的情操,只是永不被卑下的情操所屈服罢了。

<<< 《命若琴弦》

所以在你要战胜外来的敌人之前,先得战胜你内在的敌人;

你不必害怕沉沦堕落,只要你能不断的自拔与更新。

战士啊,当你知道世界上受苦的不止你一个时,

你定会减少痛楚,而你的希望也将永远在绝望中再生了罢!"

这段话似乎冥冥之中,为史铁生的"扶轮问路"生涯埋下了伏笔,史铁生似乎能预感到自己的一生就是要不断地战胜自己,突围困境,在绝望中寻找生机。

>>> 《钟声》

生活在别处
——残疾后的史铁生

史铁生在关家庄第二次病发回京接受治疗。此时史铁生的病情反反复复,四处寻医求药,结果是每况愈下,史铁生的父母对他的身体心存愧疚,但对他的精神毫无办法。史铁生变得喜怒无常,在前永康胡同40号,曾数次试图轻生。他的母亲和奶奶都让好友们劝劝他,一定要放弃自杀的念头,振作起来。史铁生的父亲不善言辞,每次朋友们去,他就避开。因为有好友们去,史铁生才会有笑声,而史铁生的父亲只能默默地支撑这个家。那个漫长而寒冷的冬天,史铁生是在好友和家人陪伴下"熬"过来的。史铁生后来是这样概括这段时期的生活的:

"回京后住院治疗,历时一年半,前半年还想站起来跑,后一年却想不如干脆躺下去死;然而医生护士煞费苦心百般拯救,各路朋友不离不弃爱护备至,自忖不当以死作答。1973年5月出院回家。"

朱伟在"铁生小记"里提到:"小时候两条腿常往一起绊,他没在意;下乡后不断地闹腰腿痛,他也没在意。后来在潮湿的牛棚里喂牛,夜里要在牛棚待到半夜,给牛添草,困了就睡在牛槽边的青石板上。"就这样,3年过去了,铁生刚回家时,拄着拐杖还可以行走,慢慢的就只能躺在床上,透过窗户去听外面的世界。史铁生在《我二十岁那年》对这个过程作过详细的描述:

"19年前,父亲搀扶着我第一次走进那病房。那时我还能走,走得艰难,走得让人伤心就是了。当时我有过这个决心:要么好,要么死,一定不再这样走出来。""那天恰是我21岁生日的第二天,我对医学对命运都还未及了解,不知道病出在脊髓上将是一件多么麻烦的事。"心想:"10天,1个月,好吧就算是3个月,然后我就又能是原来的样子了。""整个冬天就快过去,我反倒拄着拐杖都走不到院子里去了,双腿日甚一日地麻木,肌肉无可遏制地萎缩,这才是需要发愁的。""心里荒荒凉凉地祈祷:上帝如果你不收我回去,就把能走路的腿也给我留下!我确曾在没人的时候双手合十,出声地向神灵许过愿。"

"我记得我久久地看过一个身着病服的老人,在草地上踱着方步晒太阳,只有这样我想只要这样!只要能这样就行了就够了!我回忆脚踩在软软的草地上是什么感觉?想走到哪儿就走到哪儿是什么感觉?踢一颗路边的石子,踢着它走是什么感觉?""我祈求上帝不过是在和我开着一个临时的玩笑——在我的脊髓瘤装进了一个良性的瘤子。"史铁生此时甚至还打赌莲子是否发芽长叶子来寻找心灵的慰藉和一丝丝希望。"定案之日,我像个冤判的屈鬼那样疯狂地作乱,挣扎着站起来,心想干嘛不能跑一回给那个没良心的上帝瞧瞧?后果很简单,如果你没摔死你必会明白:确实,你干不过上帝。""我终日躺在床上,一言不发,心里先是完全的空白,随后由着一个'死'字去填满。"

当所有的希望瞬间倒塌,史铁生真正崩溃了。《铁生小记》里叙述了此时史铁生自杀的情况。那天晚上天很热,同病室的人都去乘凉了,他挣扎着下了床,从褥子下抽出那根早已准备好的电线,咬去两端塑料皮,撑着床栏站起来。墙上有一个电源插座。他趁着月光拧开胶木盖子,拿着电线就往里面插。在那一时刻,他慌乱中同时碰到了地线火线,偶然的短路粉碎了史铁生的自杀计划。

之后,史铁生整天把自己关在屋子里,仇恨一切声音,脾气变得暴怒无常,他把一整瓶药一口吞下,疼得在床上打滚,他在《秋天的怀念》中写道:"望着天上北归的雁阵,我会突然把面前的玻璃砸碎;听着听着李谷一甜美的歌声,我会猛地把手边的东西摔向四周的墙壁。"他觉得街上所有人都不屑于瞧他,男人飞快地蹬着自行车,女人照常弯着腰又说又笑,他恐惧人们给他奉献的那些怜悯,也无法抵制内心透出的那种悲哀和寒冷,于是他又去寻找死神。但最终还是没有成功。

友谊医院给予史铁生不仅是生理上的治疗,更是精神上的治愈。史铁生那段时间最需要的就是证明自己活着还能做什么,对家人、社会、朋友是否有用?护士柏晓莉请他负责神经内科的黑板报,让史铁生感觉自己活着还有用武之地。李子壮回忆道:"每次我去医院,他都要对版面设计和书法插图做出评价,内容则忽略不计。"史铁生在《我二十一岁那年》中写道,"21岁末尾,双腿彻底背叛了我,我没死,全靠着友谊。还在乡下插队的同学不断写信来,软硬兼施劝骂并举,以期激起我活下去的勇气,已转回北京的同学每逢探视日必来看我,甚至非探视日他们也能进来。"

史铁生出院后的第一张轮椅是他的爸爸和邻居朱二哥一起设计的。轮椅上可以搭一块小木板,变成简易小桌,样式独特,绝无仅有。那时候不像现在,什么都可以在商店里买,自从有了这个轮椅,史铁生就可以从那不足十平米的小屋里出来,在院子里自由活动。他还经常和妹妹史岚打打羽毛球,比赛拉力器。史铁生的第一辆手摇的三轮轮椅,是同学凑钱买了送给他的,这辆轮椅陪伴他走过很多地方包括地坛。

这段时间史铁生读了很多书,自学了英语,后来又去街道工厂干活儿,史铁生自己管它叫小作坊。作家在《午餐半小时》里描述的情景差不多都是发生在这个小作坊里的。而史铁生负责的是在旧式家具上画山画水画仕女。正如史铁生的妹妹史岚在《我和哥哥》中提到:"仕女的脸美不美关键是要看哥哥怎么画,他负责画脸,用他们的行话叫开眉眼。"

史铁生的妹妹史岚和史铁生年龄相差12岁多,按照属相应该算是13岁。史岚没出生前,史铁生过了十几年的独生子生活,这在那个年代是很少见的。史铁

<<<
《命若琴弦》

生初中第一年的同桌姚健在《同桌 同队 同灶》中提到:"开学不久,有一天,史铁生告诉我说:'我有1个妹妹,才1岁!'那年我们13岁。我能体会到他当了大哥哥的幸福与自豪。"

那时候,每到周末,史铁生的小屋里就会挤满老同学,他们聊天、唱歌、争论,这样史铁生便会忘却自己双腿瘫痪的痛苦。可是史铁生的残疾却给他的奶奶和母亲带来了无言的痛。

1973年夏天,史铁生出院后,他的奶奶还在世,胖胖的身体,说话轻声慢语,每天都给他准备晾凉的豆浆,看着他一股脑儿喝完,开心地笑了,并用慈爱的口吻说:"从小就爱喝凉的,扳不过来喽。"史铁生的奶奶裹过脚,走起路来一摇一晃的,看起来很是吃力。她正是需要照顾的老人了,可是她却还在照顾着自己的孙子。史岚在《我和哥哥》中写道:"小学五年级的暑假,我和奶奶坐在院子里择菜,奶奶忽然说头晕,紧接着,胖胖的身体往下倒去,我刚想拉住她,她已经昏倒在地上,不省人事了。"

奶奶走后,史铁生的母亲支撑着这个破碎的家,那段时期,铁生的病虽然暂时平稳,但终身残疾是肯定的了。作为母亲,他要时时担忧儿子的将来生活和幸福。

挚友孙立哲在《想念铁生》中写道:

"史铁生自1972年从陕北回京治病以来,住了好几次医院直至双腿彻底瘫痪。出院后,他的父母求遍各种医生包括神医庸医巫师怪医,每次都抱着希望,换来的是更大的绝望。"治病欠下单位和亲友们几千元的外债,这在当时是个很大的数目。他的母亲想回北京照顾儿子,可单位不准假,由于担心儿子的病情,患了乙肝,后来转化成肝硬化。

孙立哲92岁的母亲写了一段回忆:

"史铁生的母亲:伟大的母亲伟大的母爱。

刚强、坚毅、理性,把对儿子的不幸和对儿子的爱咽在肚子里,铭刻在心地(底)里。史铁生的妈妈在撕肝裂肺的日子中度过,这颗心只有母亲才能体会啊!只要不是在睡中,便是时时刻刻都在她内心中搅痛。而为了不给儿子觉察到,增加他的无耐(奈),她又是平和地把眼下的一切痛苦埋在心里头,独自忍受。

工资微薄,那日子真是穷愁潦倒,看不到一线光。

这是多么痛苦和无耐（奈），儿子下身瘫痪，生活不能自理，甚或连幻想都不曾有过。父母一天一天，不知熬到哪一天，哪一月或哪一年？

我理解她，她有肝病在外地，不能回京，请假调动不准，常独自一个人上背后山上哭，只有山神听到她的内心。眼泪和哭声发泄倾吐一丝她内心里再无法忍受下去的（字迹不清）儿子痛苦真是挖心。

肝炎那（哪）里照顾到自己的营养，一斤糖也舍不得买来自己吃。

疾病、忧郁的日日夜夜（少字）伴随不去的（少字），和无法治疗中，使她不知不觉肝已经硬化，她顾不上她自己。经济极为困难，在吃棒子（玉米面）贴饼子的午饭，肝硬化胃大出血，急救医院做手术麻醉中没再醒过来。"

那时候的史铁生刚刚失去母亲，妹妹史岚十三四岁正上初中，父亲请了长假，回北京勉强支撑着支离破碎的家。"史铁生的母亲去世的那一刻，史铁生坐在轮椅上，目光直视窗外，神情淡定，缓缓地，但很有力地说："我看还有什么灾难来！"此时的史铁生就像一名战士，在向命运之神宣战。

母亲去世后不久，史铁生一家搬离了前永康的小院，住进了雍和宫大街26号的两间平房。之后史铁生的作品开始发表了。接着又有作品被选进了中学课本，有的搬上了银屏，有的被译成多国文字，这一切都令史铁生周围的同学好友欣慰，但他的病况却在渐渐恶化。

20世纪80年代初，史铁生可以自己摇着轮椅去清华园看望老师。而在这段时间，史铁生的爱情也悄然而至。

爱情的萌芽阶段是前永康胡同还是雍和宫已经不是很确定了。但是据他的朋友回忆，H是个非常单纯善良的女孩，是那种涉世不深，老愿意把别人往好处想的那种女性。那时许多知青都是爱情至上。但是知青们大多收入微薄，底子不厚，只剩下爱情这点"先天之本"。当时有人反对史铁生和H结合，史铁生的知青朋友们就会反对并对其进行谴责。而史铁生的母亲也不看好这段恋情。她自己都说："如果我是H的母亲，我也舍不得！"。史铁生和H相恋的时候，脾气好了很多，尤其是H在场的时候，他的笑容变得异常的灿烂。可以说地坛里有母亲中午匆匆赶来的脚步，地坛里也有H傍晚寻找史铁生的飘飘长裙和渴望的目光。史铁生忘掉了伤残。古园西北的那片松林，每次的约会，青年人的欢笑。园神不止一次看见了史铁生和H在林中点缀着碎花的小路上停止了前行，默默注视着他们的同学和朋友，围绕着院墙追赶就要西沉的太阳。

爱的渴望和梦想并没有因为伤残而消失和减弱。

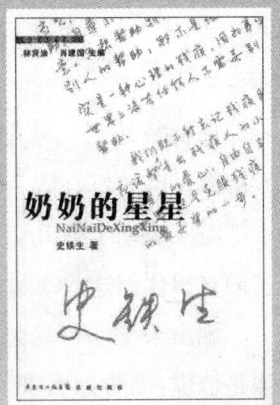

<<<
《奶奶的星星》

所有的爱恋都是在美妙中开始,但不是所有的爱恋都尽如人意。史铁生在《比如摇滚和写作》中多少记录了作家这段爱情的世俗遭遇:

"也许是勇敢,也许不过是草率,是鲁莽或无暇旁顾,他在一个早春的礼拜日启程。……走过喧嚷的街市,走过一声高过一声的叫卖,走过灿烂的尘埃,那时,伤残的春天毫无防备,只是越走越怕那即将到来的见面太过俗常……就这样,他摇着轮椅走进一处安静的宅区……

但是台阶!你应该料到但是你忘了,轮椅上不去。

自然就无法敲门。真是莫大的遗憾。

屡屡设想过她开门时的惊喜,一路上也还在设想。

便只好在安静的阳光和安静的阴影里徘徊,等有人来传话。

但是没人。半天都没有一个人来。只有安静的绿柳和安静的桃花。

那就喊她吧。喊吧,只好这样。真是大煞风景,亏待了一路的好心情。

喊声惊动了好几个安静的楼窗。转动的玻璃扰乱了阳光。你们这些幸运的人哪,竟朝夕与她为邻!

她出来了。可是怎么回事?她脸上没有惊喜,倒像是惊慌:"你怎么来了?"

呵老天,你家可真难找。

她明显心神不定:"有什么事吗?"

"什么事?没有哇?"

她频频四顾:"那你……?"

"没想到走了这么久……?"

她打断你:"跑这么远干吗,以后还是我去看你。"

"咳,这点路算什么?"

她把声音压得不能再低:"嘘——,今天不行,他们都在家呢。"

不行?什么不行?他们?他们怎么了?奥……是了,就像台阶一样你应该料到他们!但是忘了。春天给忘了。尤其是伤残,给忘了。"

史铁生看见了她的家人躲在窗帷后严肃的目光,焦虑甚至警惕的眼神。史铁生失望了,本来丢掉的卑怯,忘掉的伤残,此刻仿佛无情的北风卷土重来,此刻春天不再是春天了。

那几年,世界上最疼爱铁生的两位女性——奶奶和母亲,相继离去,如果没有 H,史铁生很可能会垮掉。当然，两人分手那段时间，史铁生的脾气又变得暴躁了。

史铁生在他第一部以《我的遥远的清平湾》为名的小说集出版时，送给李子壮夫妇一本，他非常认真地在自己相片下的空白处写下十个字：这不是纪念碑，是里程表。

小说集的出版时间是1985年，代后记题目是《几几回梦里回延安》。他的朋友认为这本集子已经把史铁生从1969年到1984年的新路历程"和盘托出"了。其中《我们的角落》几乎讲述了史铁生和H在雍和宫大街26号内从爱恋到斩断情丝的全过程。

到了20世纪90年代初，史铁生已不能自己摇车来学校了，他的病情不断发展，开始靠输尿管排尿了。

2005年，史铁生已经透析治疗8年了。他透析治疗从每周一次恶化到每隔1天1次，史铁生治疗方面，很多事情都是在他朋友的帮助下完成的。每次去医院做透析，出租车司机大多不愿意接送这样的病人，上车下车都要有人帮着扶，他们嫌麻烦。他的同学孙立哲特地派车派人拉他去透析长达8年。他的好几个朋友经济也不富裕，时间也不宽裕，但多少年如一日地帮助他。

为了方便移动残疾身躯，朋友帮忙从瑞士买了一个小型吊车，铁生后来，从床上移到轮椅上，或从轮椅移到床上，单凭自己的臂力是不够的，妻子陈希米又人小力薄，而且还要上班，据说那吊车就像个机器人的手，可以把史铁生从轮椅抓到床上。

史铁生性格坦诚率真，他的的朋友很多，小学同学、中学同学、插队知青、福利工厂的工友、作家同行还有记者、导游等，天南海北的。史铁生和朋友在一起的时候，基本上是口无遮拦，想什么说什么，自己对人对事的看法表露无遗。朋友们喜欢和史铁生在一起聊天，因为史铁生豁达、令人快乐、给人以启迪、催人奋进，和他在一起的时间总是过得很快。聊到兴头上，他常控制不住自己，尽管体力不支，仍欲罢不能。他的夫人陈希米则常在身边提醒说："行了，领导，差不多了，你们不知道，他现在聊高兴了，晚上睡不着可受罪呢。"史铁生在家中的外号是领导，因为他很少听夫人的，偶尔只是向朋友们摆摆手，自己做轮椅回卧室休息一会儿，回来继续聊。

史铁生在和别人聊天的时候，他一面不失礼貌地和别人聊天，眼睛却不时在对面墙上寻觅，这是他的习惯，熟悉他的人都知道，这表明他在思考他手头的作品。他在与人探讨问题的时候，观点总是很明确，如果他对一个问题缺乏深入了解，或者他不便回答，他会如实告诉对方。不了解他的人，尤其是在初次见面的时候，总是习惯地兜圈子，无谓地寒暄，就是不谈自己内心真实的看法和感受。其实这完全没有必要。史铁生在与人探讨问题的时候，很少引用哲理名言，他总是用很简单朴素的语言表达自己的认识和感受。他不会违背自己认为正确的观点。即使这场谈话有点不欢而散的味道，他也会面带笑容，很有礼貌地送别。然后做自己的事情，对刚才的谈话不做任何评论。

史铁生特别喜爱看体育节目，或许是自身的残疾加强了他对健康体魄的爱慕和喜爱。史铁生家中的墙壁上挂着许多照片，大多是他和妻子的照片，唯有一张例外，是他和前奥运会冠军、美国著名短跑运动员卡尔·刘易斯的合影，史铁生特别欣赏短跑名将刘易斯。他在《我的梦想》中写道："我最喜欢并且羡慕的人就是刘易斯。他身高1.88米，肩宽腿长，像一头黑色的猎豹，随便一跑就是10秒以内，随便一跳就在8米开外，而且在最重要的比赛中他的动作也是那么舒展、轻捷、富于韵律……如果我来世能有那样一个健美的躯体，今生这一身残疾的折磨也就得了足够的报偿。"史铁生告诉朋友之所以有机会见到刘易斯，是因为运动员李彤把自己的文章念给了刘易斯听。两人见面时，史铁生把自己的一些作品送给了刘易斯，刘易斯回赠以签名的跑鞋。刘易斯拍拍史铁生送给他的书说："我相信这些书一定很棒，可惜我不懂中文，不能看懂它们，这真是个遗憾。"史铁生也指指手里的签名跑鞋回答道:"得到您签名的跑鞋,应该也是特棒的事,可惜我没有健全的双腿,所以深表遗憾!"说完,两人相拥,笑着留下了一张珍贵的合影。

史铁生的精神一贯地好,一如既往的笑容灿烂可掬。朋友提到史铁生有几种标志性的表情。一种是和他年龄不相符的天真的笑,还带着一股子憨劲,摸样十分可爱;一种是深邃的目光投向远方;一种悲天悯人的表情;还有一种表情就是提起他崇拜的某位艺术家或哲学家的时候,他会表现出发自内心的敬畏,不时还摇头叹服地说:"那是天才,上帝之笔,那真棒。"

除了这些好朋友之外,史铁生身旁有爱他的亲人,他的妹妹和他的小外甥。一提起小外甥他就会很快乐地大声地说:"我的那个小宝贝儿啊。"他的声音也会一下子响亮很多。

当然如果没有他挚爱的妻子,我无法想象史铁生能活到2010年底。1989年6月,一位从西安飞来的美丽天使——陈希米来到史铁生家,此后,史铁生的衣食住行都得到了精心的呵护。

陈希米是史铁生的读者,有轻微的小儿麻痹,1989年两人结婚,陈希米不仅是他的夫人,更是他的秘书、他的护士,也是他的生活助理。两人在一起的时候,陈希米就像他的小妹妹。陈希米1978年被西北大学数学系录取,后来在华夏出版社做编辑。史铁生的堂弟在《永远的背影》中提到陈希米聪明能干，工作之余自学了德语，且翻译和编辑了不少社科类图书。陈希米转行的能力、学习能力和不知疲倦的能力令人佩服。史铁生总爱说："陈希米是给克林顿当秘书的料，却给我史铁生当了秘书。"史铁生向朋友说："如果我向希米要一份几年前我投稿的文章，她很快就会找出来，并用邮件发给我，而这份稿件可能连我自己都忘记存在哪里了。"可见陈希米的细心周到。

陈希米很欣赏也很敬佩史铁生，每当史铁生和朋友交谈的时候，陈希米则在一旁，笑眯眯地看着自己的丈夫，表情像个孩子。

照顾史铁生的生活并不是一件容易的事情，光他每天吃的药都有很多种，不同的药服用方式以及时间都不同，有些药连史铁生自己都搞不清楚，而陈希米却都十分了解。

在阅读书籍方面，陈希米也是非常支持史铁生的。陈希米在外面看到比较好的书，就会马上买回家推荐给铁生看。陈希米了解铁生喜欢什么样的书籍，正如他了解史铁生喜欢吃什么一样。史铁生对吃的"选择性"和"灵敏度"很强，不要求价位和品牌，但一定要可口。有时陈希米为了能让史铁生吃到合胃的杂酱面，自己东一家西一家地去买原料，对怎样让"领导"吃好，陈希米煞费了苦心。

史铁生后来的病情发展到连睡觉翻身都需要人帮

忙,他对朋友说道:"如今连翻身都要靠别人了。有时身边没人,自己躺着,想到连翻身都不能时,心里有种深深的恐惧。"

张铁良有一次指着史铁生问陈希米:"他一晚上能睡几个小时?"陈希米说大概一两个小时翻一次身。也就是说陈希米嫁给史铁生之后,几乎没有一个晚上睡过一个整觉。史铁生自己都感慨过,如果没有陈希米,自己早就死了。正如史铁生在《希米,希米》中描述的:

希米,希米
我怕我是走错了地方
谁想却碰上了你!
你看那村庄凋敝
旷野无人,河流污浊
城里天天在上演喜剧

希米,希米
是谁让你来找我的
谁跟你说我在这里?
你听那脚步零乱
呼吸急促、歌喉沙哑
人都像热锅上的蚂蚁。

希米，希米
见到你就像见到家乡
所有神情我都熟悉。
看你笑容灿烂
高山平原、风里雨里
还是咱家乡的容仪。

希米，希米
你这顺水飘来的孩子
你这随风传来的欣喜
听那天地之极
大水浑然、灵行其上
你我就曾在那儿分离

希米，希米
那回我启程太过匆忙
独自走进这陌生之乡。
看这山惊水险
心也空慌，梦也恓惶
夜之望眼直到白昼茫茫

希米，希米
你来了黑夜才听懂期待
你来了白昼才看破樊篱。

听那光阴恒久

在也无终，行也无终

陌路之魂皆可以爱相期？

    史铁生在这首诗的字里行间都流露出对陈希米的爱及有陈希米做妻子的满足。当陈希米还没有走进史铁生的生活时，史铁生的生活犹如那"凋敝的村庄、污浊的河流"，落寞而又孤寂；当陈希米出现在史铁生的生活里时，史铁生的生活犹如迷茫的船只找到了罗盘，变得有条不紊。而在史铁生的追悼会上，也有朋友朗诵了这首诗，大家都为史铁生和陈希米的爱情，为这首诗而感动。虽然我们不知道史铁生死时陈希米的表情，但相信她的心灵是平静的。因为陈希米和史铁生日常生活中讨论最多的话题就是生死，陈希米可以坦然地接受这一幕，也相信这一天迟早是要到来的。史铁生特殊的身份造就了一段不平凡的爱情，也成就了一位不平凡的妻子。

    史铁生一生中有两位最伟大的女性，一位是他的母亲，另一位就是妻子陈希米。史铁生的母亲刚离世时，整个家庭的气氛是沉闷的。妹妹史岚沉默寡言，父亲不善言谈，整日操劳，顾得了这儿，顾不上那儿，有时候做菜都忘记放盐，史铁生皱皱眉头不言声地往下咽。整个气氛让人看了心酸。后来史铁生在《扶轮问路》中写道"我又一次摇进了爱情,并且至今没再摇出来。"这句话正是指陈希米的到来。

母亲在儿子患病不久离开人世,这冥冥之中却将重任托付给了年轻漂亮的陈希米。给史铁生当爱人,若非亦母亦妻如陈希米,又如何能承担沉重的生命之托?如何能给予史铁生非同常人的爱情。这份爱非常人所能想象。我常想,陈希米嫁给史铁生的时候,也就不过和我年纪一般,虽然我不清楚陈希米选择史铁生的真正原因,但我觉得这其中崇拜占了很大比例,也许是一个青春少女对偶像的崇拜吧,也许正是多梦的年龄才会做出如此具有牺牲精神的举动,但不知当年对于她的选择,陈希米的家人会持什么样的态度,不知道有没有遇到类似 H 家人的反对。

芸芸众生中,谁都有七情六欲,两个相爱的人在一起,虽日日相守却不能越雷池半步,现实的残酷阻碍了常人所拥有的正常的爱与性。史铁生在他的作品中不乏性的描述,这体现了一个身体残缺的人对正常性生活的向往和憧憬。

史铁生的生活,因为有了陈希米,而丰富多彩、有滋有味。婚后史铁生为人也越来越淡定、从容,而思想在形而上的道路上渐行渐远,因为陈希米"代劳"了那些琐碎的世俗事务。这个曾被史铁生戏称为"两个人,只有一条好腿"的家庭,弥漫着和谐、和睦之气。

>>> 《来到人间》

旧园地坛的史铁生

史铁生 1979 年发表作品《法学教授及其夫人》，从"新时期文学"之初到 21 世纪，历时 30 年而终。这 30 年间，中国文学经历了不同的潮流，文学阶段划分得也算清晰。一些命名、术语几乎都成了"共识"。史铁生究竟属于哪个流派，哪个阶段的作家？对此，我们很难给出一个明确的答案。当代作家，很多都可以放在某个潮流或是某个阶段来评析，而史铁生却不能。史铁生不是一个封闭的人，他的创作与 30 年间的中国文学息息相关，但却一直都在潮流之外，在喧嚣世界之外，他一个人安静地写作，潜心写自己内心深处的事与思，结果却通向了许多人的灵魂。

史铁生曾说："我的生命密码根本是两条：残疾与爱情。"最狂妄的年龄残废了双腿。两肾一死一伤。精神如何站立起来。"为了不至于自杀"，史铁生开始了文学上的自我救赎之路。史铁生曾自嘲地说自己"职业是生病，业余在写作"。史铁生是发自内心地热爱文学，当他解决了生存问题之后，他的目标就是写出好作品。有记者采访他时提到，作为一个作家，史铁生给人的印象就是勤奋、虔诚。他是一个勤奋的作家，上午是他身体状态最好的时候，他几乎把每个上午都用来写作。下午或者透析，或者养神，不时会有朋友去拜访他。他和人聊天的时候，脑子里还常想着他的小说。有时他会提出一个话题，和你很认真地讨论。他的枕边放着一个录音笔，当他脑子忽有灵光闪现的时候，他就把当时的灵感录在录音笔里。疾病确实折磨着史铁生的身心。至少在体力上，史铁生越来越不能承受长篇小说的写作。

他的朋友认为史铁生的生活状态"一半是火焰，一半是海水"。读他的作品，常能感觉到他心中有一团火一样热烈、光明的东西在燃烧，随时会迸发；一面却承受着重病的肉身，不分日夜地遭受病痛的折磨。而这两者在他身上奇迹般地共存着。

史铁生出版的作品跟高产作家比起来并不算多，六卷本的文集，再加上新近的《扶轮问路》、《妄想电影》，还有未出版的几万字，总共两百多万字，但他绝对算得上真正"用生命写作"的勤奋者。其特殊的生命体验，使得史铁生的作品抵达了常人所无法企及的灵魂深处。在史铁生的作品中，有一部分读来十分艰难，晦涩。因为作家叙述得就很艰难，因为他想得痛苦，艰难。这个精神的历程漫长而曲折。正因为艰难，才显出尊严、庄严和崇高。

白烨认为，史铁生"生命不息，创作不止"的精神，创造了当代文学的一段传奇。史铁生足不出户，哪里来的创作素材呢？他做了一件最难的事，自我剖析，冷眼旁观别人并不难，难得是真实地面对自己的内心，这需要很大的勇气和绝对的诚实。进入自己内心最深处，找出自己自卑、嫉妒、埋怨的原因，看透看懂这些，继而用爱驱除这些不好的情绪。这是常人很难做到的。史铁生他乐天知命,诚实写作,与读者倾心交流。生活中,他与亲人共同分享亲情的温暖,直到生命停止的那一刻。

一

有学者认为,在现当代文学里,恐怕还没有另一个作家像史铁生这样直接地、时刻不忘地表现死,并且与自己的经验联系在一起。李少君也说:"在当代作家中,我认为史铁生是对死亡主题表现最深刻的作家。"死亡总是不经意就闯进史铁生的文字里,而这些都与史铁生特殊的经历不无关系。1972年的大病使得刚刚过了20岁的史铁生双腿瘫痪,从此他与轮椅结伴一生,失去了行动的自由。突然而至的打击使他痛不欲生,而所有人在心底对残疾人一种普遍的偏见和歧视,更让史铁生感到痛心。倘若史铁生天生就是个残疾人,也许他会活得自在些,但是他却在自己健康正常地生活了20个年头后双腿残废,这于任何一个人来说,无疑在生理上或心理上都是难以承受的。《我与地坛》中的第一部分,作家写道:"我一连几小时专心致志地想关于死的事,也以同样的耐心和方式想过我为什么要出生。"他在古园里参悟着生死,陪伴他的都是蜂儿、参天古树、瓢虫、蚂蚁……同样作家在《我二十一岁那年》中有对死亡的描述:"在以后的若干年里我频繁地对死神抱有过热情……"命运之神不仅摧残了史铁生的肉体，更打碎了史铁生的美好梦想，史铁生自己曾在《写作之夜》中坦言道："我只是曾经非常渴望过死，祈求过死。"那段时期，死亡对于史铁生来说是个诱惑。

史铁生对死亡的探索冥冥之中有种宿命。作家似乎很早就对死亡做过思考。他在1984年发表的小说《奶奶的星星》中提到世界给他的第一个可怕的印象就是死亡。之后奶奶给史铁生讲故事的时候，说到"人死了，天上就多了一个星星"，给走夜路的人照亮。这是作家最初对死亡的朦胧感知。

知青小说《插队的故事》开头就描写了"我"坐在火车上，突然想到如果火车脱轨翻车会出现什么样的场面，接着就想到了死亡，一路上和同伴讨论怕不怕死的话题。此时的史铁生是无意识的，死亡离他还很遥远，但这种对死亡的朦胧感知也积淀了作家后期思索的原始素材。

这个时期史铁生渴望死亡，他对生命有着强烈的怀疑和否定，他在漫无边际的黑暗中摸索着前进，他一边痛苦地思考，寻求绝境中的突围，找一个活下去的理由。就这样想了很多年。"最后事情终于弄明白了：一个人，出生了，这就不再是个可以辩论的问题，而只是上帝交给他的一个事实；上帝在交给我们这件事实的时候，已经顺便保证了它的结果，所以死是一

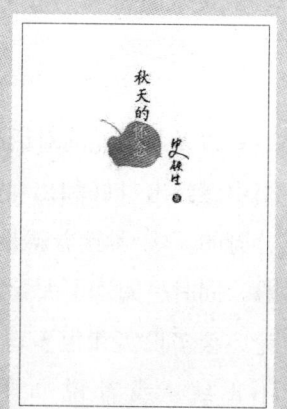

<<<
《秋天的思念》

件不必急于求成的事,死是一个必然会降临的节日。"因此这段时期作家的作品,基调压抑沉闷。这一方面和作家突遭残疾有关,另一方面也和作家初涉文坛的姿态有关。

1951年出生的史铁生,无疑是属于红卫兵一代。而在当时的中国大陆,"红卫兵"一词已经成为了一种特别的符号,而这个符号的中心意义就是激进的理想主义。同样我们从史铁生的文章中不难发现青年时代的史铁生对政治是十分敏感的且具有很高的反思能力,这种特质与他的家庭成分有很大关系,他在《文革记愧》中提到一本名为《普通的人》,"用今天的标准归类,它应该属于'伤痕文学'。""我在复写那本书的时候,笔下流出的字行与我的观念相悖,越抄心里越觉别扭起来。""我听了确乎身上轮番出了几回汗。尤其是看到父母亲人,想到他们的出身和成分本来就坏,这一下不知要遭怎样的连累了。"同时在《奶奶的星星》以及与王尧的对话中都涉及这个问题即"'文革'当中感到出身好和出身不好的之间,在学校里也是有分野的。"① 紧接着就是在陕北插队的时候的生存的艰难,同时也阅读了大量书籍:"看到很多现实,很多理论,很多现实和很多理论互相冲突,于是就有了很多不正统、或者说非主流的想法,但可以说很不系统。"②

据《"文化大革命"中的地下文学》所述,史铁生最初的文学熏陶和活动是在当时北京地下诗歌沙龙中进行的。文学创作的启蒙,文学交往以及所受的文化熏陶对一个作家未来的写作和思想走向是十分重要的。北京地下文学沙龙的活动以及与才华横溢的诗人们的交往为史铁生的早期创作提供了一个很好的机会。如史铁生的小说《法学教授及其夫人》、《兄弟》以及《绿色的梦》等一开始都是刊发在《今天》上,而《今天》则是由诗人北岛和芒克于1978年创办的民间刊物。但是史铁生早期的这些创作与当时的主流文化却又是格格不入的。季红真在《众神的肖像》中回忆道:"当时青年中业余创作的风气很盛许多无路可走的人,都以文学来寄托精神。但写得好的人很少,大多不超出一般的公式和套子,所以也并不在意(史铁

---

① 史铁生,王尧. 有了一种精神应对苦难时,你就复活了[J]. 当代作家评论,2003(1):50.
② 同上。

生)。"后来"看见了几本油印的《今天》。随手翻阅,即被史铁生的几篇小说吸引住了。《法学教授及其夫人》、《午餐半小时》和《阳光照不到的角落》,都充满着绝望而温馨的气氛。那份忧郁,那份无言的激愤,都深深的打动了我。无论主题还是风格,在当时一片莺歌燕舞、豪言壮语的正式出版物上都是看不见的"。从一个时代亲历者阅读史铁生作品的感受中,如"绝望"、"忧郁"、"激愤"与当时主流创作的莺歌燕舞相比,再加上《今天》这部刊物的地下性质以及所追求的自由主义色彩,史铁生以什么样的姿态初涉文坛是显而易见的。至少我们可以看出当时的史铁生是站在主流意识形态的对立面的,他的思想是激进的。

在史铁生的获奖作品《我的遥远的清平湾》(1983)问世之前,史铁生发表的小说如《黑黑》、《在一个冬天的晚上》等七篇都被公认为史铁生最早期的作品,其中当属《午餐半小时》最具代表性,小说描述了残疾人工作的小工厂车间午餐半小时所发生的生活情形。在这间低矮的屋子里,总共八个半人,其中有一个双腿瘫痪的小伙子算半个人。眯着两只小圆眼睛的夏大妈、四五寸长缠足的"小脚儿"、拨拉算盘的瘫痪小伙子、做熨活儿的白老头、罗婶儿、专管钉扣子的卢奶奶、拔了满口牙一直没镶上的老太太。他们"一双双眼睛都闪着奇异的光——向往的光?欣喜的光？还是如愿以偿的光？说不好。"

一辆汽车传来的刹车声道出了大家的话匣子，夏大妈提起昨天差点被"红旗"牌轿车堵在巷子里，"小脚儿"想着自己被汽车撞倒带来的种种福利，"消消停停一顿，来俩勤务兵伺候我，吃香的喝辣的"止不住开心地笑；又想起要给儿子买房结婚，大家东拉西扯重又回到原来的话题上，墙角处有人叹气的说要是能把孩子他爸调回北京多好，再分配个正式的工作，最后大伙儿想到要是能给咱们长几块工资就行了。小屋又陷入了沉默……

午餐半小时，发生在一个小车间的聊天对话，浓缩了当时社会底层老百姓生活的常态以及对人对事的认识。大家聊天对话间传递着人性的温情，在平实艰苦的生活中享受着生活带来的丝丝乐趣。他们的笑声虽然不够儒雅矜持，但却都是因喜而笑。无论是"小脚儿"独自嗤嗤地笑还是白老头狡猾的笑抑或是满屋的哄堂大笑，他们笑得自在。世界上最幸福的人就在于他们能够创造快乐，自行其乐。

《午餐半小时》道出了当时社会上小人物生活的艰辛与艰难。字里行间透露出作家的人道主义情怀以及生活在底层人们的关注，而这段时期作家的生活状态与此也是契合的。这部带有自传性质的小说具有典型的契诃夫式小说的布局和章法，篇幅很短，但很传神。小说被一种淡淡的哀愁所笼罩，尽管小说也存在着很多的局限，但以此篇小说为代表的早期作品却成为后来学者们一致公认的"残疾主题"。

在史铁生之前的作家中，我们很少看到"残疾主题"的文章，因为在中国现当代文学中，残疾是一个严肃的政治和文化主题，西方学者认为："疾病主题的重心过去侧重于与自然的冲突，如今转到了与社会的冲突。"① 残疾作为疾病的一种，它在史铁生的小说中已表现出了与社会的冲突，而这种冲突首先是精神和伦理道德上，它直接渗透到残疾者们的日常生活中，形成了一定的紧张感、孤独感和不安全感，加剧了人们在生活中的危机感；另一方面由于古往今来，尽管残疾仅仅是一种生理现象，但是几乎任何一个民族或任何一个部落都对残疾人或残疾现象抱有一种本能的或习惯性的歧视与偏见。因此残疾者所感受到的痛苦是一种被弃感，一种被所属群体和文化无情抛弃的精神体验。现实的悲剧性色彩强化了悲剧承受者与社会的对立，往往使之发展为自弃，自虐乃至于自杀或是流入到与生命存在的近乎虚妄或对社会的仇恨与敌意。而这些在小说中也会是多方面展示的，它接近了现实与人生残酷的真实，和文化保持着紧张的关系，所以说史铁生早期的这些小说立场与社会意识形态是相

---

① 威拉·波兰德. 文学与疾病 [J]. 文学研究参考, 1986（3）.

悖的。

史铁生早期的作品除了《午餐半小时》写的是残疾人,还有诸如《一个冬天的夜晚》也是写残疾人。小说讲述了一对残疾夫妇,女的是个侏儒,男的是个腿有毛病且患有肝病的残疾人,他们在一个冬天的夜晚去抱养一个期盼已久的孩子,在此之前,他们幻想过无数遍拥有孩子和孩子一起做的事情,包括好的和坏的方面。丈夫想要个岁数大点儿的,"肝硬化是活不长的……那时他已经可以帮你干点儿事了……"。妻子又担心孩子大了,无法接受自己的父母一个是满面伤疤的瘸子,另一个是永远长不大的侏儒。一路上夫妇俩不断被这些想法困扰,但他们仍旧抱着一种乐观的态度。两人正走着,对面的一个院门开了,走出来一个抱着小孩的青年妇女,"您看你这事办的,叫我说您个什么……"一对中年夫妇随后走了出来。

"怪我办事不周全,你可别往心里去。"青年妇女说,"说实在的,有个教授想要,我都没舍得,要不是……"声音慢慢远去了,分辨不清了。妻子呆若木鸡,丈夫走近院门看了看,正是他们约好的那一家的孩子。

中年夫妇回来了。"你不该告诉他,"中年男人说,"换了我,我也不愿意把孩子给两个残疾人。"这对残疾夫妇不知道在那儿驻足了多久,风依然凄厉地刮着。

史铁生在小说中描述的残疾夫妇所遇到的种种困

<<< 《上帝的寓言》

难与他人的歧视,不仅是一种生活现象,其中有着作家对人类情感的投注和社会文化的光芒。而这段时期作家自身的心情也是沉郁的,有一种被遗弃感。

《没有太阳的角落》(1980年)最初为《我们的角落》,发表在刊物《今天》。这篇文章则表达了史铁生残疾后对爱情生活的憧憬与向往。小说是讲述了几个残疾青年"我"、克俭、铁子,他们是"五·七"生产组的技术人员。铁子负责设计仕女图画的设计,大妈大婶负责在那些仿古家具上涂涂抹抹,"我"和克俭负责为仕女们画上含情脉脉的五官。3个青年人都曾是待分配的知识青年,铁子靠手摇车行动,"我"和克俭都是瘸子,3个人都在生活中备受歧视。

我们三个结队而行,最怕碰见天真稚气的孩子。

"妈妈你看呦。"

我们都低下头。

"叔叔们都受了伤,腿坏了,所以……"

铁子把手摇车摇得飞快,我和克俭也想走快些,但是不行。

"瘸子吗?"

母亲的巴掌像是打在我们心上。

他们最怕遇到这种情况,孩子无知,母亲好心。路上这位母亲教育孩子时用"瘸子"的称呼尖锥在心;他们回城后在知青办的遭遇"像处理西瓜似的被人扒拉过来扒拉过去,拍拍听听,又放在了一边"的命运,"那些像挑选良种猪狗一样冲我们翻白眼的招工干部,那些在背后窃笑我们的女的,那些用双关语讥嘲我们的男的,还有父母脸上的忧愁,兄弟姐妹们心上的负担……"同样有一次一个大妈的劝说让"我"也很恼怒,让"我"想起活在世上的价值:废物、累赘、负担。"可我们的仕女图画并不比那些正式工人画得差,画得少。我们忍着伤痛,付出比常人更大的力气,为的是独立,为的是回到正常人的行列里来,为的是用双手改变我们的形象——残疾。"这些语句形象逼真地表达了作家此段时间跌落到底层的残疾灵魂拼命挣扎向上的经历。

但是稍纵即逝的爱情之光给 3 个青年人的生活注入了活力。一位叫王雪的漂亮女孩走进了我们的角落。王雪的到来打破了原本沉闷平静的生活。大家从早到晚在一起,边唱边画,王雪的歌声中那欢快的旋律使他们的心灵得到了暂时的安慰。"王雪每天提前半个小时就来上班,打扫车间,打扫我们的角落。灰尘结成的网没有了,斑驳的墙上挂上了漂亮的年历。""我们三个也都早早地就来上班了,而且一天比一天早,一个比一个早,而过去我们都是踩着铃声走进角落的。"我们的角落弥漫着欢乐的歌曲:《晒稻草》、《友谊地久天长》,这些歌曲犹如一束束温暖的阳光照进我们3个残疾青年的心中。他们对于青春的幻想以及3人之间出现的一种难以言说的隔阂情绪是当时所有青年人的心理写照。而这种因嫉妒而产生的隔阂情绪又让他们体会到"心在追求人间仅有的一点欢乐的同时,却在饱受着无穷痛苦的侵蚀。"

王雪当上正式工人要离开的时候,3个年轻人感到无限的惆怅。对于残疾人来说,爱和被爱的权利被无形地剥夺了。当得知王雪的二姨给她介绍了一个大学生,"我的心仍像掉进了一眼枯井,往下掉……""我"只有把一切都放在那可望而不可即的希望之上。王雪就像一道电光,曾经照耀过这个角落,又倏地消逝了。

作家用一股淡淡的哀愁笔调描述了自己那段初恋时期的体验,我们看到,一种发自本能的由于残疾而产生的孤独感、失落感以及被遗弃感。文章间接传递出作家自身面对残疾的苦闷心情,对人格、尊严、平等自由以及人间爱愿的渴望。

小说《夏日的玫瑰》（1983年）讲述了一对善良的残疾夫妇，他们面对一个即将出生的残疾孩子，回想着自己一生因为残疾所遭遇的坎坷和不幸，他们围绕着是否该让这个孩子出生所进行的思想斗争。小说中的残疾老人把他自己辛苦攒钱买下的铜牛送给了这对由于害怕孩子残疾而痛苦抉择的父母，而这个铜牛是老人长期以来，一直梦想拥有的满身力气的健壮的铜牛。小说结尾，这位善良的残疾老人选择回到故乡，因为那里有他年轻时的爱情，那里有他多年来一直未完成的心愿。多年漂泊在外的老人，靠卖风车为生，终于正视了自己多年的残疾，重新找回了人生的自信，看到了希望。而老人对残疾的正视正暗示着史铁生此时对残疾的重新认识，正如文中所说："我是半路残废的人，要是一个活生生的人一残废就去死，活着的人可怎么想？""大伙儿对我都不错，我不能做对不起他们的事，让他们说我没良心……"可见此时的史铁生心境变化了，脾气变得不再那么暴躁无常。

1984年作家创作的《山顶上的传说》可视为作家对这段时期"残疾主题"小说的总结，也是作家致残之后，自我成长心灵的写照。作品集中表现了作家处境的艰难和寻找出路的苦苦挣扎。小说讲述了一位残

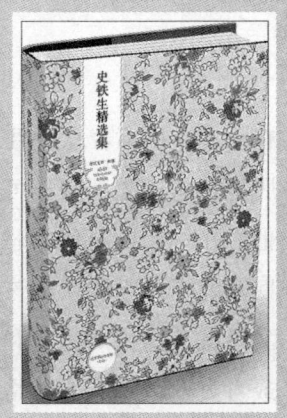

<<< 《史铁生精选集》

疾青年,喜欢文学创作,他最忍受不了的不是生理上的折磨而是心灵上的苦楚。他曾无数次地在死神跟前徘徊,几乎难以拒绝死亡的诱惑。他在文中写道:"他用目光在屋顶上发狠地写着'死',写着'癌',写着'氯化钾'、'd.d.v'虔诚,上帝会派死神来帮个忙!"他不明白为什么命运如此不公,不理解为什么所有的人的歧视、社会的偏见像浓雾一样从四面八方聚拢过来,压得他喘不过气。几乎所有他遇到的好人从心底都有一种对伤残人士根深蒂固的偏见。残疾使得他找不到工作,爱情受挫。他觉得自己倒霉透顶,但又不知道该怨谁,不知向谁报复。他觉得自己生活在可怕的人生困境中,生活黯淡无光。

因为残疾,爱情之门刚要打开,却又关闭了。他和一位姑娘相爱了,但他的爱情却没有自由。正如《山顶上的传说》所描绘的"别的恋人们也不会总在一起,也有暂时分别的时候,但在一起的时候就坦然的在一起,用不着总去想'还有几分钟',用不着提心吊胆地怕超过了期限,可是在他们相爱的那些年里,当他们在一起的时候,恐惧总压在他们心头——她不能回家晚了,不能在应该回家的时候不回家,否则她的父母就又要怀疑她是和他在一起了,就又要提心吊胆或者大发雷霆。他就是瘟疫,像魔鬼;他们在一起的时候像是在探监;他们的爱情是偷来的……这些感觉就像是一把'达摩克利斯之剑',悬在他们心上,使幸福的时光也充满了苦难。"他和姑娘约会时,其他人可以随意闯入而毫无歉意。因为他们认为残疾人不应该得到爱,也不可能得到爱。因为他是个残疾人。

同样工作上,由于残疾小伙子爱好文学写作。他写小说,编辑们愿意降低标准发表,因为他是残疾人。周围人的议论更是让他的自尊心受伤:"我最看不起为了发表胡编滥造的人了,艺术水平差点倒还可以原谅。""算啦,有能耐你跟那些名家嚷嚷去!一个残废人,你还要他怎么着?""你跟一个伤残人士较什么真儿呢?他们已经够难的了。"好像连发表伤残人的作品也不过是对他们的救济。"

还有一些世俗的眼光也让此时的作家感到不安、难过。《山顶上的传说》有一段这样的描述:"有一次走在街上,迎面碰上一群打打闹闹的姑娘,姑娘们走进他的时候都没了声音,偷偷地瞟了几眼他的腿。走过去之后他们大概会吐舌头"——这也许是健全者对残疾人的普遍态度。除了成年人之外，那些不谙世事的童年人对残疾人的态度也会不同。《来到人间》中，患有侏儒症的小女孩因为自己的外在形象与其他小朋友不同，就被他们称为"大脑壳"、"大头"、"丑八怪"。他深刻的体会到："歧视也是战争，不平等是对心灵的屠杀。"

他渴望受到社会平等的对待，为此他不得不和来自社会的各种压力抗争，还要和逃避自我的心理做斗争。他经常做噩梦，梦见自己被人们包围："他忽然发现，自己是赤身裸体地走着，两条变了形的残腿非常显眼，丑陋，走路的样子也显得滑稽。他拼命地逃，可四周全是人，密密麻麻，唱着，笑着，摆动起裙裾，挥舞着彩绸和花束，像是在庆祝一个什么节日。欢乐的人群像是一道圆形高墙，像是一座罗马的竞技场，把他围在了中间。他没处逃，也没处藏。"他想反抗，于是梦见自己变成了一头骄蛮的斗牛，凭着一双角、一腔血、一条命，叫喊着，横冲直撞。这时候他恨一切人，他想把整个世界都毁掉，于是他又再一次的想到了死。看着自己丑陋的双腿，他不断地问自己"为什么一定要活着呢？在这静悄悄的深夜死去，是一件多么轻松，多么惬意的事！"他陷入了痛苦的深渊。

有学者认为《山顶上的传说》是史铁生的精神自传，因为小说的主人公与史铁生有着相同的处境和命运。然而作家经过一段时间紧张的心灵搏斗，最终翻越一道道心灵障碍，从深渊中走出来。小说开篇提到残疾小伙子寻找一个叫"点子"的鸽子，这只鸽子是他深爱的姑娘留给他的，残疾小伙子精心呵护着这只鸽子，生怕它飞走，可是它还是飞走了。于是小伙子不断地找寻这只鸽子。正如文中所说："他觉得这里面有一种命运的征兆，如果他能够找到他的鸽子，他就能办到他期盼的事了。"他在寻找鸽子的过程中虽然愿望落空，但是遥远的彼岸世界安慰着他。在此鸽子象征着希望、平等，一个全新的自我。因此寻找本身要成为一个目的。正如荣松在《残疾意识与人类情感》中所说："这种追寻不仅为生存找到精神的根据，还促使这个叙述主体从残缺的自我中挣脱出来，升华至一个整体的'我'，也使作者完成了由死而生的转变。"

经过漫长的跋涉，史铁生终于悟出了死反正是早晚必然要到来的事，他在文中用很轻松的语调描写残疾小伙子对待死亡的态度，"他独自'嗤嗤'地笑，觉得急着去死真是有点滑稽。又不是去买豆腐，去晚了就买不上。又不是不要购货本的鲜黄花鱼，去早了可以多买点。死，是按人供应的，不多不少每人一个，一模一样的一个。"作家参透了生死，领悟了生的意义之后，他作品的调子就没有早期作品那么沉郁和痛苦，而转向了宁静、深沉与平和。同样作家的思想也得到了一次初步升华。

史铁生早期的作品除了书写残疾人的命运之外，

还有一个突出的特点，即宿命或命运的偶然性。《山顶上的传说》中的小伙子由于在一间八面漏风的潮湿的小屋睡觉而终身残废；《来到人间》中那对郎才女貌的夫妇却生下一个先天侏儒的孩子，《宿命》中因为一件小事而将一个春风得意的人永远的"种"在了病床上，《足球》在太阳底下拼命摇动轮椅朝着希望之地的年轻球迷，这些都纯粹出于偶然。

史铁生在《宿命与反抗》中写道："命运的力量相当大，人似有一种宿命。所谓命运人是难以改变的，人只能在一个规定的条件下去发挥人自身的力量，这种规定的情境就是宿命。比如说你生来就是个女的而不是男的，你生在这个世界上而不是生在唐朝或宋朝，比如说我的腿，他就瘫了，你竟无办法，只能接受这样的一个事实。人的主观力量只能在接受这样一个事实后做一些事情，你所谓接受的这个事实就是宿命。"在这种无奈的感觉中，宿命占据了史铁生的头脑。

作家在散文《我与地坛》中写道："地坛在我出生前四百多年就坐落在那儿了；而自从我的祖母年轻时带着我父亲来到北京，就一直住在离它不远的地方——五十多年间搬过几次家，可搬来搬去总是在它周围，而且是越搬离它越近了。我常觉得这中间有着宿命的味道……"最狂妄的年龄忽地残废了双腿，史铁生觉得自己被命运捉弄了，没有任何反抗的余地。

史铁生深深地体会到命运力量的强大。

史铁生曾在《病隙碎笔》中对自己的名字是这样解释的:"我的第一位堂兄出生,有位粗通阴阳的亲戚算得这一年五行缺铁,所以史家这一辈男性的名字中都跟着有了一个铁字。堂兄弟们现在都活得健康,惟我七病八歪终于还是缺铁,每日口服针注,勉强保持住铁的人耗平衡。好在'铁'之后父母为我选择了'生'字,当初一定也未经意,现在看看到像是我屡病不死的保佑。"可见作家认为很多事情都是命中注定的,并非自己能轻易改变。

他的朋友提到史铁生家的客厅里还有一个人型木雕,上面挂着一串念珠。在他书房里挂着一个很大的十字架。史铁生作品中多次写到上帝和圣经中的一些故事。许多学者也认为史铁生是个基督徒,但事实上他并不是,他曾笑着对他的朋友说:"许多人都把我写的《病隙碎笔》当成入基督徒的申请书了,呵呵。"但是我认为史铁生虽算不上一个纯粹的基督徒,但他对宗教是有研究的。

季红真与史铁生唯一的一次长谈中提到,他们聊天的主要话题都和宗教有关:"史铁生这一代人经历了'文革'的运动,并且为此付出了青春的代价,在幻灭中重新走向宗教也在情理之中。少小时理想主义的教育和绝望的现实处境,都使他必须有信仰的支持才能生存。"

<<<
《史铁生小说选》

身心受到双重打击之后的史铁生,先是怨恨命运的不公,随即开始对生死进行探索思考,追问的结果即一切都是偶然的,不可知的,冥冥之中,是上帝在设计和操作每个人的命运。而上帝这个词在史铁生的作品中也被多次提到。譬如他在《我的梦想》中提到"上帝从来不对任何人施舍'最幸福'这三个字,他在所有人的欲望面前设下永恒的距离,公平地给每一个人以局限。"认为生死是"上帝交给他的一个事实"等。作家从思考自身的不幸出发,发展到对人类整个苦难的思索,获得了一种宗教意识,或是宗教精神,并不能说史铁生就是个纯粹的基督教或佛教的信仰者。

二

经过十多年的苦思冥想,史铁生平衡了自己的感情,作家开始回忆起自己拥有健康体魄的那段经历——插队生活，毕竟他人生最美好的年华是在那里度过的。

史铁生经历了从最初为生命能够继续下去找个理由，找个生活下去的信念到彻底理解生命与写作的关系的转变：活着不能仅仅是为了写作，写作只是更适合他活下去的方式而已。这种转变过程用史铁生的话说即："写作，便是要为活着找到可靠的理由，终于找不到就难免自杀或还不如自杀。"① 接着在一次访谈中，他说道："我从双腿残疾的那天开始想到写作。孰料这残疾死心塌地地一辈子都不想离开我，这样，他便每时每刻向我提一个问题：你为什么活着？——这可能是我的写作动机。就是说为活着找到充分的理由。"② 后来，他又认为"为什么写作？先是为谋生，其次是价值实现。"③ 也就是说史铁生经过了将写作看做目的进而转变为生活手段的过程。而这种思想的转变，我们可从其成名作《我的遥远的清平湾》中看出端倪。作家不再沉浸在自我身体残疾的抒写上，转而对过去插队生活的追忆。

---

① 史铁生. 心的角度 [M]. 北京：中国青年出版社，2008：168.

② 史铁生. 要为活着找到充分理由 [N]. 中华读书报，2001-3-28.

③ 史铁生. 史铁生：宿命的写作 [J]. 当代作家评论，1996（5）：141.

《我的遥远的清平湾》和《插队的故事》是作家这段时期主要的作品。其中成名作《我的遥远的清平湾》于1983年发表在《青年文学》的第一期上,当时引起了社会各界的好评。并且获得了1983年全国最佳短篇小说奖,作者也因此在文坛受到重视。这篇"散漫化"的小说也受到文学界热议。而文学史也就此达成"共识":"在人们急剧追赶现代化或是反思性批判时,史铁生这篇写知青的小说可谓是逆历史潮流而动。他的笔触在委婉清俊中写出了知青与当地村民相濡以沫的情谊,知青生活不再是迷茫与愤慨,而是有那么多值得记忆和眷恋的细节"① 这段话道出了《我的遥远的清平湾》的文学史价值,具体说是知青文学史上的价值。它"已明显离开社会政治视角,而注重发现民间生活中可能具有的人性品格,以作为更新自我和社会的精神力量"。从这种"共识"中我们可以得出两点结论,一个是在知青小说《我的遥远的清平湾》问世之前,知青小说几乎都是从政治角度出发,其情感基调是愤慨的;其次小说《我的遥远的清平湾》的基调清俊婉转,文中洋溢着一种对优美质朴乡村生活的赞美,远离了喧嚣的城市生活,转而在精神上追求一种诗意的栖居。

---

① 洪子诚. 中国当代文学史 [M]. 北京:北京大学出版社,2011:269.

这篇作品发表之初,编者按是这样写的:"当我写下这个标题的时候,耳畔回响的不是柴可夫斯基《第一弦乐四重奏》中的著名的第二乐章——那幽邃柔美的俄罗斯民歌曲调,而是我们民族的'如歌的行板——陕北民歌悠远宽广的动人旋律。"① 显然这种乡村题材的知青小说已经有别于之前"知青——反思"式的知青文学模式。《我的遥远的清平湾》的出现给人一种耳目一新的感觉,很多人认为这是知青文学的新方向。

正如有学者称赞道:"《我的遥远的清平湾》我感觉像是一首悠扬的牧歌,背景是那种秋山的颜色:红的小灌木叶子,黄的杜梨树叶子,珊瑚珠似的小酸枣,蓝蒙蒙的野山花,有牧笛从那秋色中透出来。在这篇作品里,铁生调动出所有他对那片土地的情感,使画面凸显出那种色彩凝滞的效果,让那信天游的动人旋律在这凝滞的效果中游动。信天游好比是画面里透出来的牧笛,它哀婉动人,又那么轻快地游动着,在游动中又显出飘逸。这里,结构、细部的勾画,都退到了极次要的位置,决定整个作品生命的是那种炽热真挚的情感的极自然流淌。这种炽热真挚的情感洇进了信天游,于是信天游中就有了那样动人的哀婉。这个作品最终有极强的回声效果,当一切都淡化成一缕缕

---

① 徐璐. 如歌的行板 [J]. 青年文学, 1983 (1).

<<< 《妄想电影》

烟消散的时候，只剩下信天游那种调子在显得极空旷的天幕上飘。而它的回声，又极像是一颗心脏在缓缓而有力地跳荡。"① 这段文字可以说是最大程度上道出了诗意乡村栖居的发现，"哀婉动人"的"信天游"是文章的一大特色，陕北破老汉和他的《走西口》首次融入知青文学主体，与知青苦难的书写形成一种对比、反衬，知青文学的主角已不再是自伤自怜的下乡知青们，转而是朴实的农民。文中人物的取名如明娃、留小儿等都表明了作者对传统民族文化的关注。

《我的遥远的清平湾》对乡野山村、风俗人情的描绘，对民间生活方式、价值观念的理解与同情所形成的"另类"叙事既使得20世纪80年代初政治语境中的知青文学进一步摆脱了新时期"文革"题材文本以

---

① 朱伟. 铁生小记. 见：作家笔记及其他. 南京：江苏人民出版社，2006：35.

反思"极左"政治为己任的历史局限,也使得知青文本走出了主流知青文学中的那种自伤自怜的叙述气氛和情绪流泻。它与同时代的寻根文学不同,超越了功利性,滤掉了知青文学过度苦难化和理想化的叙事情绪,与同时代其他作品形成对比,树立了20世纪80年代文坛一种独特的精神守望,引领知青文学走向了健康温暖的广阔之地。

小说用清净舒缓的笔调叙述了"我"在陕北农村插队的生活以及陕北农村的人和物。小说有两条线索,一是插队,另一个就是陕北农村生活。文中史铁生鲜活的描述了黄土高坡,一群群北方的黄牛,窑洞中住着的婆姨和娃娃,和"我"一起拦牛的白老汉(破老汉),还有破老汉的孙女留小儿以及我生病时给我送白馍的队长,这些都让人感觉十分亲切。

破老汉是一个为新中国成立出过力,流过血的人,他曾跟着解放军队伍一直打到广州,若不是恋家,现在也会住上了洋楼了,也不至于让他的留小儿现在"还愁穿不上个条绒袄"[①]吃不上白肉。清平湾的人们单纯质朴,他们最大的愿望就是"一股劲儿地吃白馍馍,老汉儿家、老婆儿家都睡一口好棺材"。而留小儿则代表了黄土地上年轻的一代,他们对城市里的一切

---

① 史铁生.老海棠树[M].北京:中国盲文出版社,2006:16.

都那么好奇，羡慕城里人"啥时想吃肉，就吃"。史铁生用了10年的时间，去酝酿写作《我的遥远的清平湾》。而在这10年的时间里，作家在文中所描述的是对过去记忆的沉淀，作者在陕北插队的时候，生活本是十分艰苦的，落后的生产方式使得那里的人们生活十分贫困，但是展现在读者面前的清平湾，朴素的农民生活，还有从破老汉嘴里唱出的那深沉，厚重的陕北民歌，我们可以感受到人性的赤诚和温情。

小说语言优美，有很强烈的散文化叙事，王蒙在论及该小说时这样写道："《我的遥远的清平湾》是小说，更是优美的抒情散文，是诗，是涓涓的流水，是醇酒，是信天游，是质朴而又迷人的梦。或者援引一位评论家准确的评价的话吧，《我的遥远的清平湾》，是真正的天籁。"① 文中将黄土坡上的四季景色，与农事风物，风俗联系在一起，"越是穷地方，农活也越重。春天播种；夏天收麦；秋天玉米、高粱、谷子都熟了，更忙；冬天打坝、修梯田，总不得闲。……天不亮，耕地的人们就扛着木犁、赶着牛上山了。太阳出来，已经耕完了几分地。火红的太阳把牛和人的影子长长地印在山坡上，扶犁的后面跟着撒粪的，撒粪的后面跟着点籽的，点籽的后头是打土坷拉的，一行

---

① 王蒙. 读八三年一些短篇小说随想[J]. 文艺研究, 1984 (3).

人慢慢地、有节奏地向前移动,随着那悠长的吆牛声。吆牛声有时疲惫、凄婉;有时又欢快、诙谐,引起一片笑声"。

小说的叙述视角,通篇都是以"我"内聚焦来描述,由"我"来穿针引线,情节的推进场面的转换比较自由。作者在文中将"我"的插队经历处理成犹如到清平湾的一次独自旅行。文中由"我"讲述的插队故事中自然引出了破老汉这个人物,从而构成了小说的第二叙述层次,两条线索交叉叙述。并且文中"我"对破老汉故事的讲述热情高于对自己插队故事的讲述热情。这就引起我们对破老汉和"我"的关系作出思考。表面上看破老汉是"我"在陕北拦牛的同事,但是从精神层面上看,文中所描述的破老汉曾为新中国出过力的革命人士,有着非凡的经历,但是后来人生却比较坎坷,丧妻失子,住在贫困的山村,年迈的他带着幼小的孙女留小儿生活。尽管生活如此艰难,但是破老汉却十分达观,不开心时会"呆呆地坐着,闷闷地抽烟",但大多时候是"一天价瞎唱"。① 这位普通的庄稼人其看似普通的人生态度却激发了被像恶魔一样的病态纠缠着的"我",让我懂得了如何面对生活以及生活所带来的一切,看到了坚韧不屈地生活在陕

---

① 史铁生. 我的遥远的清平湾[M]. 北京:北京十月文艺出版社,1985:142.

<<<
《插队的故事》

北老汉的形象,找到了继续活下去的勇气和希望。可以说《我的遥远的清平湾》是史铁生真正文学创作的起点。

史铁生在《几回回梦里回延安》中写道:"每当这时,我就觉得眼前有一副雄浑的画面在动,心中有一支哀怆的旋律在流。""我在写'清平湾'的时候,耳边总是飘着那些质朴、真情的陕北民歌。""陕北的乡亲们就是以那些平凡的语言、劳动、身世,教会了我如何跟命运抗争。"所以说作品《我的遥远的清平湾》并非一蹴而就,而是作家经过很长一段时间的调整,思想发生很大变化之后写成的。

《插队的故事》可视为作家对插队那段生活经历叙述的延续。正如作家在文中所描述的:"有人说,我们这些插过队的人总好念叨那些插队的日子,不是因为别的,只是因为我们最好的年华是在插队中度过的。

谁会忘记自己十七八岁,二十出头的时候呢?谁会不记得自己的初恋,或者头一遭被异性搅乱了心的时候呢?于是,你不仅记住了那个姑娘或是那个小伙子,也记住了那个地方,那段生活。"

作家对那里的山川草木、风土人情都充满了浓郁的感情。史铁生用近乎散文、抒情的笔调叙述了插队时陕北农村的诗意生活和温馨世界,在这幅田园风光画中,作家不止一次提到现实中的贫穷,但是却一次次被当地乡人的善良、勤劳朴实的品质所冲淡,这些都来源于作者对这一地域的温情记忆,尤其是与我朝夕相处的"破"老汉。有评论者认为是残疾导致了史铁生作品中温暖清新的笔调,"在小说中,被史铁生有意或无意地滤过淡化的是有关疾病、疼痛等生理体验的回忆,而被有意或无意地强调或夸饰的则是有关人与人之间的理解、体谅和关爱精神体验的铭记"。但是当年和他一起下乡插队的陶正觉得不管是在作品中,还是在生活中,史铁生都表现出了一份从容、淡定和平和、他拒绝浮躁、极端和功利,"即使不残疾,我也认为史铁生在性情上是一个求真向上的思想者"。

作家生命力最为深刻的记忆是那些让人倍感温暖的人生经历。他在清平湾感受到最初的人情,亲情。作家并非故意美化古老的生活方式譬如牛群、窑洞,而是在维护另一种情感道德上美的东西。《我的遥远的清平湾》中也常会有现实与理想之间距离的描述譬如文中"我们那地方最突出的特点是穷"史铁生并不是看不到清平湾那艰苦的环境，只是因为城市生活的冷漠以及现实经历的残酷让作家觉得清平湾是一块自由的乐土，那里的风土人情也因此具有了深刻的人性品质。

史铁生在这段时期对自己插队生活和童年生活的追忆，其叙述的笔调有很大不同。作者用追忆的方式讲述了"我"在陕北插队生活，小说以第一人称内聚焦，两条线索交叉描述，其碎片化的叙述已带有现代主义创作手法的印记。史铁生早期的作品章法严谨，选材精心，颇有契诃夫小说精巧味道，对谋篇布局的讲究，对立意的追求均表明当时他心中的艺术理想，而这种艺术理想来自于19世纪俄国以及西方现实主义小说。在审美和表现风格上，他注重古典风范，和谐整一又略带诙谐。小说题材并不宽泛，这除了和他自身身体缺陷有关外，还和他的创作宗旨有关，史铁生认为任何生活都富有深意，他主张挖掘生活要深，而对题材的挖掘更深，将自身作为写作题材比较可靠，且领悟较为透彻，正是因为他深刻的洞察了生活的底蕴，所以成名作《我的遥远的清平湾》中所蕴含的诗意美超越了同时代作家作品。作品布局结构宽整，蕴味优美。

此外，史铁生还受过契诃夫、汪曾祺、鲁迅等作家的影响，这都构成了他较深厚的经典现实主义文学资源，但他又不仅仅拘泥于传统模式，还大胆尝试突破传统经典模式。《法学教授及其夫人》、《神童》等早期作品,属于传统的情节类小说,但是作家在文中贯穿一种哲理思考,赋予作品一种思辨色彩。《我的遥远的清平湾》、《没有太阳的角落》本应是写自己亲身经历的纪事小说,但作家却在文中抒发了自己的感情,将抒情提升为小说的重要元素。此外作家并不满足传统小说那种完整的故事叙述模式,努力追求碎片化的,平淡的日常生活,着力挖掘人物的内心世界,对人物的外表和性格进行淡化处理,这些都体现了作家在文学道路上的创新。

三

史铁生的创作轨迹是与他的思想同步的。他的写作以1985年为界分为两个阶段。在1985年之前,其作品大多属于写实阶段,通过对自己命运和困境的反思,来找寻残疾人的精神出路。在遭受身体突然的打击之后,史铁生面临着无数次的生死抉择。"写作是为了不至于自杀,去除种种表明上的原因看,写作就是为生存找一个至一万个精神上的理由,以便生活不只是一个生物过程,更是一个充实,旺盛,快乐和镇静的精神过程。"① 写作成为了他摆脱猛兽追击的那棵

---

① 史铁生. 答自己问 [M]. 天津:天津人民出版社,1996.

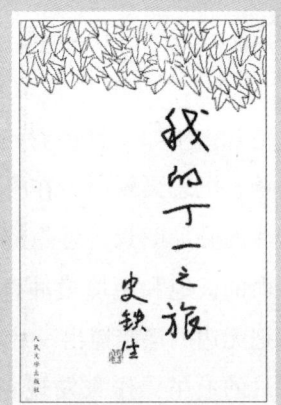

<<< 《我的丁一之旅》

树,同时也是他涅槃中重生的一条路。因此这段时期史铁生的作品都是描写残疾人的生活以及他们内心的矛盾和痛苦。其中当以我在前面提到的"残疾主题"作品为主。经过很长一段时间调整、思考,作家的创作观念有了很大的变化,之后史铁生的作品则转向了平静舒缓,他的精神也得到了初步的解放。其突出表现在成名作《我的遥远的清平湾》中。

但是作家很快又陷入了另一种生活困境,正如他在《我与地坛》中写道:"这一来你中了魔了,整天都在想哪一件事可以写,哪一个人可以让你写成小说。是中了魔了,我走到哪儿想到哪儿,在人山人海里寻找小说……那时我完全是为了写作活着。"但是"凭什么那些适合作小说的生活素材就总能送到一个截瘫者跟前来呢?人家满世界跑都有枯竭的危险,而我坐在园子里凭什么可以一篇接一篇地写呢"?于是他又一次踏上了精神上的自我救赎之路。正如王卫湘所说:"当他几十年如一日摇着轮椅走向地坛时,当他如达摩面壁、沉思冥想时,在平静的外表下,是一幕幕挣扎搏斗的心灵图景,思想的飓风挟裹着他的病残之躯在生命的极地和绝境横冲直撞,直到撞得头破血流,直到把无边的黑暗撞出一片希望的光亮。"[1] 直到一个礼拜日的上午,作家发现一个漂亮的小女孩竟是个弱智,这让史铁生很是惊讶,他"几乎是在心里惊叫了一声,或者是哀号"。他觉得这个世界真的是太奇妙了。正如他在《我与地坛》中写道:

"世上的很多事是不堪言说的。你也可以为消灭种种苦难而奋斗,并为此享有崇高与骄傲,但只要你再多想一步你就会坠入深深的迷茫了:假如世界上没有了苦难,世界还能够存在么?要是没有愚钝,机智还有什么光荣呢?要是没有了丑陋,漂亮又怎么维系自己的幸运?要是没有了恶劣和卑下,善良与高尚又将如何界定自己如何成为美德呢?要是没有了残疾,健全会否因其司空见惯而变得腻烦和乏味呢?就算我们连丑陋、连愚昧和卑鄙和一切我们所不喜欢的事物和行为,也都可以统统消灭掉,所有的人都一样健康、漂亮、聪慧、高尚,结果会怎样呢?怕是人间的剧目就全要收场了,一个失去差别的世界将是一潭死水,是

---

[1] 王卫湘. 演绎生命和死亡的哲理 [J]. 云梦学刊, 2000 (2).

<<<
《我的遥远的清平湾》

一块没有感觉也没有肥力的沙漠。"

看来差别是永远要有的,而残缺往往由差别构成。没有差别也就无法形成残缺,然而失去差别的世界正如无源之水,没有任何意义和生机,所以差别不仅不能消除,反而应该被小心保护。正如史铁生在《我与地坛》中所说:"我常以为是丑女造就了美人。我常以为是愚氓举出了智者。我常以为是懦夫衬照了英雄。我常以为是众生度化了佛祖。"因为有距离有差别,所以才构成了残缺,然而仅仅有残缺还是不够的,人类还得有追求的意念,人们永远无法满足,于是就产生了欲望。作家在《信仰是自己的精神描述》中对欲望做了如下阐述:"欲望产生幻想,然后才有创造。欲望这玩意儿实在神秘,它与任何照本宣读的程序都不同,它可以无中生有变化万千这才使一个人间免于寂寞了。输入欲望,实在是上帝为了使一个原本无比寂寞的世界得以欢腾而做出的最关键的决策。"可见因为有了欲望,世界才会丰富多彩,欲望引发人们对生活的追求,是人类前进的动力。

因为现实的残缺和不完满,人们才会有改变生活的欲望,而欲望又会导致人们觉得痛苦。痛苦或者残缺并非是人生的对立面,而是人生的一部分。他们和完美或幸福是相辅相成的,就像一枚硬币的正反面,缺一不可。没有绝对意义上的痛苦,也没有绝对的幸福。幸福和痛苦只是人的主观感觉,而这种感觉却是由人们在比较中产生的。我们活在千变万化的世界中,而人类的感觉却是丰富又敏锐的。所以痛苦永不可消除,它是残缺的证明和结果。人类不能消除痛苦,也就是说人类不能消除残缺和差别。

既然残缺不能消除,那只有冷静的直面残缺,乐观地与之共舞,这样才能使人生更有价值。史铁生曾把人生的过程比为乘坐火车:"幸好上帝为我们想得周全,在这趟车上他还为我们预备了取之不尽用之不竭的各式各样的矛盾和困阻。这些矛盾和困阻显示了上帝无比地慈悲。有了他们,漫长的时间就有了变化万千的内容,我们的心神就有了着落,行动就有了反响……我们就能够娱乐自己了。"① 这就好比人们玩游戏,游戏的难度设定得太高,玩家必然要耗费很多精

---

① 史铁生.活着的事·病隙碎笔二[M].上海:东方出版中心,2006:121.

力,这就让本来想通过游戏来放松自己的愿望变得难以实现。但是游戏难度太低,玩家未必会觉得游戏好玩,甚至游戏会失去它本身的价值。电影也是一样,一部电影的剧情要扣人心弦,吸引观众,否则观众就会觉得这部电影没有看点。游戏需要难度,电影要有悬念,人生也同样需要由差别、矛盾、困境所构成的残缺。因为有了痛苦,人们才感受到欢乐,幸福是由不幸反衬出来的。正如作家在《好运设计》中所说:"没有痛苦和磨难,你就不能强烈地感受到幸福,那只是舒适,只是平庸,不是好运,不是幸福。"

既然人类生而残缺,这种既定的事实或结果是注定的,那么接下来就是我们应该如何去克服困难。最终,史铁生终于想明白了,写作只是他生存的一种有效的方式而已。他从最初活着为了写作即写作是支撑他活下去的目的,转变成为了活着而写作即为了生活的更好而写作,通过写作实现自己的生命价值。这样史铁生就将写作从目的转化成过程了。

史铁生这段时期的代表作《命若琴弦》则是其思想和写作的重要转折点。这部小说后来被著名导演陈凯歌改编成电影《边走边唱》。小说带有寓言色彩的叙述了生活在陕北一老一少两个瞎子,走乡串户说书。在老瞎子的琴槽里,他的师父为他保留着一张药方,在他弹断第 1000 根琴弦的时候,就可以取出这张药方，抓一副药，吃了这幅药就能重见光明。对于一个瞎子来说，能看见这个五彩缤纷的世界是一个多么巨大的诱惑和鼓舞啊。为此老瞎子不辞劳苦到处奔波，赶着去各个村庄多说书。老瞎子一天比一天紧张、激动，心里想着弹断一千根琴弦的日子就不远了，并且以此来激励小瞎子。当老瞎子终于弹断了一千根琴弦之后，才知道那张自己珍藏了五十年的药方居然只是一张白纸。老瞎子很伤心但并没有因此绝望。他善良地对小瞎子隐瞒了真相，回家后告诉小瞎子："我记错师傅的话了，说要弹断1200根弦才行。"临死时，老瞎子叮嘱小瞎子一定要记得弹断1200根。

同样陕北题材的小说，作家在清平湾中所缺乏的那种哲理意味在这篇文章中得到了很好的体现。有人将这篇文章视为史铁生个人创作史上的一个转折点，写作主题上的变化，我个人比较赞同。与史铁生前期残疾主题小说相比，《命若琴弦》已不是一篇纯粹描写残疾人生活的小说了。小说中两个瞎子走唱说书的情节固然重要，但这已经不是小说主题所在。当老瞎子发现自己的愿望落空时，文中写道："他一路走，便怀恋起过去的日子，才知道以往那些奔奔忙忙兴致勃勃地翻山、赶路、弹琴，乃至心焦、忧虑都是多么欢快！那时有个东西把心弦扯紧，虽然那东西原是虚设的。""虽然目的是虚设的，可非得有才行"。不仅像老瞎子这样的残疾人需要一个虚设的目的来鼓舞自己，我们正常人也同样需要在生活的困苦中给自己一点希望，为了一个特定的目标而奋斗。

《命若琴弦》于1985年发表，而1985年正是文学的转型期，这一年的小说的革命，是与'寻根文学'和'先锋文学'的同时出现分不开的。这两类'更切近于20世纪80年代中国体验'的作品，以不同之前的思想模式，变革的叙述方式和艺术形态，使小说走出了文革的阴影，去挖掘和展现中国人的生存方式。"此时的史铁生在创作道路上同样做出了选择。《命若琴弦》发表之后，史铁生的创作主题发生了变化，他从自身的残疾局限看到了作为人的更大的困境和局限。

由个人体验的经历转入到对自己内心的呈现。史铁生自己所说："后来对于残疾人故事的讲述指向不是残疾人而是人性的残疾。"他认为"每个人都有残疾，这种残疾指的是生命的困境，生命的局限，每个人都有局限，每个人都在这样的局限中试图去超越，这好像是生命最根本的东西，人的一切活动都可以归纳到这样。"

由于此前的写实手法难以承受史铁生现在精神建构的重担，作家转而对形式进行新的探索。小说吸收了西方现代文学的一些创作手法如象征。"命若琴弦"，一只琴，两点一线，从这头到那头，最重要的是其中的过程，而这过程不但是残疾人独有的，写出了人类共有的困境，而史铁生自己在采访中也提到："在《命若琴弦》之前我写的是残疾人,这是一个个体问题,是我个人的问题;《命若琴弦》之后,我发现所有人都是残疾的,我开始写人的残疾,这是一个社会性的问题,是整个人类面临的困境。"而史铁生这段时期对西方现代派艺术手法的借鉴还体现在小说《老人》、《礼拜日》等作品中。

同样小说《原罪》中的十叔也是靠给自己编织一个个信以为真的神话来不断地给自己生存下去的信心和勇气。十叔是一个脖子以下全不能动,从脖子到腰,一直到脚全都动不了的残疾人。"除了睁眼闭眼,张嘴闭嘴,呼气吸气之外",再不能有其他动作了。但十叔活得很坦然。他总是可以通过镜子,把自己看到的窗外的人和事编制成一个个美丽的神话故事,讲给孩子们听。正如小说中十叔所言:"人信以为真的东西,其实都不过是个神话;人看透了那都是神话,就不会再对什么信以为真了;可你活着你就得信一个什么东西是真的,你又得知道那不过是一个神话。"① 当"神话"破灭了,十叔就开始吹泡泡,从而创造新的神话。十叔就是靠着不断地给自己一个目的而顽强的活着。

散文《好运设计》对于过程有着生动的阐述。为了显示出一个人交好运,作家将所有的好事都积聚

---

① 史铁生. 原罪·宿命. 见:史铁生作品集. 北京:中国社会科学出版社,1994.

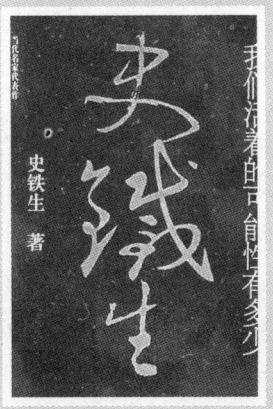

<<<
《我们活着的可能性有多少》

于一人之身。"聪明、漂亮和一副好身体。"同样又生活在一个理想的家庭,到了恋爱的年纪,爱情一帆风顺。但是到最后,却发现此人并不幸福,因为生活中没有了目的,也就没有了努力为之奋斗的过程。"一时没有了痛苦的衬照便一时没有了幸福感。"也就是说,一个人不管有多么好的命运,他还是会陷入绝境。再好的运气最终还得走进绝境,没有永远的胜利者。那么出路在哪里?

"过程。对,过程,只剩了过程。对付绝境的办法只剩它了。不信你可以慢慢想一想,什么光荣呀,伟大呀,天才呀,壮烈呀,博学呀,这个呀那个呀,都不行,都不是绝境的对手,只要你关心的是目的而不是过程你无论怎样都得落入绝境,只要你仍然不从目的转向过程你就别想走出绝境。过程——只剩下它了。事实上你唯一具有的就是过程。一个只想(只想!)使过程精彩的人是无法被剥夺的,因为死神也无法将一个精彩的过程变成不精彩的过程,因为坏运也无法阻挡你去创造一个精彩的过程,相反你可以把死亡也变成一个精彩的过程,相反坏运更利于你去创造精彩的过程。于是绝境溃败了,它必然溃败。你立于目的的绝境却实现着、欣赏着、饱尝着过程的精彩,你便把绝境送上了绝境。"①

随笔《对话四则》中也对生命的过程做了精辟的阐述:"我想,一个最美好的理想或目的不如就让它处在那个望眼欲穿的位置上吧,这样才永远都有个奔头,创造着,欣赏着,乐此不疲。""你得到了一个快乐的过程:就像一场球赛,你无论是输了还是赢了,只有你看重的是过程,你满怀激情地参与过程,生龙活虎不屈不挠地投入了过程,你在这过程的每一分钟里就都是快乐的。"②《随笔十三》:"譬如说佛的宏远,那不可能是一种事实,那永远只是一个理想;佛以一个美丽的理想,帮助众生与困苦打交道罢了。"散文《给希洛》中提到:"只是为了引导出一个美丽的过程,人才设置一个美丽的目的,或理想。理想原本就不是为了实现,而只是为了引出过程罢了。"

由此看来,天堂只存在于人们对它的追求和向往

---

① 史铁生. 好运设计. 见:灵魂的事. 天津:百花文艺出版社,2005.

② 史铁生. 对话四则. 见:史铁生散文(上). 北京:中国广播电视出版社,1998.

中,我们只能不断地"走向"它,却永远也抵达不了即生命的真正目的在于过程。正如他在《记忆迷宫》中所言:"我们永远都在朝圣的途中但永远都不能走到神的位置。"《原罪》中的十叔走进自己编织的美丽神话中,神话却破灭了,所以在《务虚笔记》中,那个精神错乱的老头一直写着别人都看不懂的神话。《命若琴弦》中一老一小两个瞎子,他们永远也弹不完那1200根琴弦,从而让他们做着向往天堂而永远也做不完的梦。他们永远活在精彩的人生过程中,活在天堂的向往中。

四

经历个人的不幸和时代的沧桑,史铁生品味了人世的喜怒哀乐,也参透了生死奥秘。他坚信"爱才是人类唯一的救助。这爱,不单是友善、慈悲、助人为乐,它根本是你自己的福,这爱,非居高的施舍,乃谦恭地仰望,接受苦难,从而走向精神的超越"。①

史铁生在其一生的经历中受到过许多关爱。这些爱,有些来自他身边的亲人,譬如他的母亲和奶奶还有妻子陈希米;有些来自关心他的好友,尤其是插队

---

① 史铁生.活着的事·病隙碎笔[M].上海:东方出版中心,2006:53.

的朋友；有些来自他所生活的环境譬如他常在文中提到的友谊医院，陕北农村。这些爱帮助他在苦难中坚强地面对生活，让他参透理解生命的本质和意义，也是史铁生坚持活下去的动力和源泉。同样也是史铁生重要写作主题之一。

史铁生18岁生就去陕北插队。作为一个从北京来的城里人，陕北艰苦而又陌生的环境给他带来了不少困难。而当地农民的朴实和爱护使得史铁生那段插队生活还算比较顺当。尽管生活艰苦，但陕北农民们仍不忘互相扶助，"破"老汉身上那纯朴豁达的人生观深深地感染着史铁生。从这些陕北农民身上，史铁生看到了爱和希望。"破"老汉喜欢同村的寡妇亮亮妈，亮亮妈对"破"老汉也不错，但是老汉却不敢表白，怕对不起他的孙女留小儿，只能暗暗地帮助她。老汉爱劳动，也爱唱歌，唱的大多是陕北的民歌。"虽然都是忧伤的调子，可是一唱起来，人就快活了。"老汉还很有同情心。有一夜从绥德来了两个说书的瞎子，"破老汉把他们引回自家窑里，端出节省下的干粮让他们吃"。而当时的陕北的农村生活十分艰苦，他们自己家的干粮都不够吃。陕北村民们对史铁生也是非常照顾，老乡们考虑到"我"的身体，提议"我"喂牛。而喂牛算是轻松的活儿了。老汉和乡民们身上所体现出的美德让史铁生感觉到了生活的美好。作品《我的遥远的清平湾》和《插队的故事》也正是对勤劳善良的陕北农民及其生活的颂扬。

去陕北插队的时候结识的好友给予史铁生很多关爱，双腿瘫痪后，史铁生住进友谊医院，乡下插队的同学不断写信，来激励史铁生继续活下去。已经转回北京的同学也每逢探视日便会来看望史铁生。"甚至非探视日他们也能进来。"新朋友带新朋友来，大家毫无顾忌地议论世界上的事和人，高兴的时候还唱起陕北民歌或插队知青自己的歌。这些关爱帮助让史铁生忘记了暂时的烦恼。

史铁生双腿瘫痪之后，曾下定决心："这辈子就在屋里看书，哪儿也不去了。"然而多年以后，在一些朋友的帮助下，史铁生却开启了走南闯北的历史。他在《扶轮问路》中对自己的旅游经历做了这样的概述："先是北京作协的一群哥们儿送我回了趟陕北，见了久别的'清平湾'。后又有洪峰接我去长春领了个奖，""马原总想把我弄到西藏去看看，我说：'下了飞机就有火葬场吗'？吓得他只好请我去了趟沈阳。"1988年，王安忆和姚育明推着他逛了淮海路。"少功、建功还有何立伟等一大群人，更是把我抬上了南海舰队的鱼雷快艇。""1996年迈平请我去斯德哥尔摩开会，算是头一回见了外国。"1997年，"孙立哲又带我走了差不多半个美国……"可见史铁生一生，朋友给予他很大的帮助和关心。

而儿子生病，母亲是最煎熬的。母爱是很多作家都曾赞颂过的，史铁生也不例外。对于史铁生来说，母亲是他一生中最值得怀念和感谢的人。史铁生双腿瘫痪之后最艰难的那段日子，母亲用她那默默无闻而又伟大的母爱帮助他度过了生命中最黑暗的一段旅程。而母亲的英年早逝又让史铁生对母亲多了一份愧疚和敬重。作家在散文《合欢树》中，简练地回忆了自己从童年到青年，再到中年的几段生活，10岁那年，"我"因为作文和母亲斗嘴，"把她气得够呛"；20岁那年，"我"由于双腿残疾，让母亲整天劳累奔波，她把全副的心思都放在给我治病上，到处打听偏方，药方，对"我"的腿是有多少回希望就有多少次失望，当母亲发现"我"想写小说时，她就到处给我借书，顶着寒风雨雪推我去看电影，像过去给"我"找大夫，打听偏方那样，抱了希望。30岁时，好不容易自己在文学上有了点成就，可是母亲已经不在了。

文章全篇都没有直接表达自己对母亲的怀念，而是将自己对母亲的爱寄托在"合欢树"上。合欢树是母亲生前去劳动局给"我"找工作，回来时在路边挖的一棵"含羞草"。后来竟发现是合欢树。母亲一直没舍得扔掉，母亲因为合欢树发芽长叶开心了好久，以为是个好兆头。母亲去世后，史铁生搬了家，可是那株合欢树仍然年年开花，长得很茂盛。而由于"家家门前的小厨房"的扩大，过道变窄，摇着轮椅进去已

<<<
《我与地坛》

不可能。而"我"则后悔前几年没有进去看那株合欢树。文章结尾写到"悲伤也成享受",作家的感情交织着丝丝的无奈和淡淡的忧伤。

《秋天的怀念》则是作家另一篇表达母爱主题的散文,全文集中回忆了自己刚刚残疾那段时间,母亲对自己的照顾以及自己那段黑暗时光中的暴躁脾气给母亲带来的不安。母亲昏迷前还惦记着"我那个有病的儿子和我那个还未成年的女儿……"

作家在《我与地坛》中则将母爱表达到了极致。母亲"不是那种光会疼爱儿子而不懂得理解儿子的母亲"。她知道儿子心里的苦闷,了解儿子的脾气,除了在生活上给予尽心照顾以外,她对儿子的精神不作任何干涉。"她思来想去最后准是对自己说'反正我不能让他出去,未来的日子是他自己的,如果他真的要在那园子里出什么事,这苦难也只好由我来承担。'""母亲知道有些事不宜问,便犹犹豫豫地想问而终于不敢问,因为她自己心里也没有答案。""她知道得给我一点独处的时间,得有这样一段过程。""我"出门,她便伫立而望。唯一一次说:"出去活动活动,去地坛看看书,我说这挺好。"这是母亲的自我安慰也是暗自祷告。母亲无数次焦虑地在园中找"我",看到"我"在园中,便悄悄地离去。一时寻不到"我",便步履茫然又急迫。母亲"端着眼镜"寻找"我"的形象深深的印在我的脑海里。这重复多年的寻觅举动体现了母亲对儿子的理解以及"我"对母亲深深的忏悔和感恩之情。

母爱是深沉的。文章借"我"之口对母爱作了细致的描述。那些日子里,她整天"心神不定,坐卧难宁","兼着痛苦与恐惧"地祈求儿子平安。她不停地自我安慰着,甚至于"做过了最坏的准备"。"她情愿截瘫地是自己而不是儿子,""只要儿子能活下去哪怕自己去死呢也行,可她又确信一个人不能仅仅是活着,儿子得有一条路走向自己的幸福",儿子因为不幸遭遇所感受到的痛苦,在母亲那里是要加倍的。这样的母亲注定是"活得最苦的母亲"。

母爱是坚韧的、毫不张扬的。"曾有过好多回,我在这园子里呆得太久了,母亲就来找我。她来找我又不想让我发觉,只要见我还好好地在这园子里,她就悄悄转身回去;我看见过几次她的背影。我也看见过几回她四处张望的情景,她视力不好,端着眼镜像在寻找海上的一条船,她没看见我时我已经看见她了,待我看见她她也看见我了我就不去看她,过一会儿我再抬头看她就又看见她缓缓离去的背影。"这一段形象生动地描述了"我"与母亲之间忽远忽近的关系,而这种关系的不但拉近疏远生动表现出当时母亲的焦虑心情以及"我"因自己的那点倔强和羞涩而感到深深的愧疚和追悔。

母亲去世后,"我"依旧每天来地坛,"有一天我在这园子里碰见一个老太太,她说:'哟,你还在这儿哪?'她问我:'你目前还好吗?''您是谁?''您不记得我,我可记得你。有一回你母亲来这儿找你,她问我您看没看见一个摇轮椅的孩子?……'"作家在《我与地坛》的结尾,再次通过一个老太太之口,描述了母亲当年为了找"我",因为担心"我"而苦苦寻觅的举动,再一次从侧面将母爱升华,一股悲怆感油然而生。很多年后,"我"才意识到园子里"有过我的车辙的地方也都有过母亲的脚印"。对母亲的难以遏制的痛悔、思念之情的反复抒写烘托出母爱的宽容和伟大,母亲苦似大海,但母爱比大海还要广阔、深沉。

作家在《庙的回忆》中直接表达了自己对母亲的怀念以及母亲英年早逝的惋惜和悔恨:"我一直有着一个凄苦的梦,隔一段时间就会在我的黑夜里重复一回:母亲,她并没有死,她只是深深地失望了,对我,或者尤其对这个世界,完全地失望了,困苦的灵魂无处诉告，无以支持，因而她走了，离开我们到很远的地方去了。""在梦中，我绝望地哭喊，心里怨她：'我理解你的失望，我理解你的离开，但你总要捎个信儿来呀，你不知道我们会牵挂你不知道我们是多么想念你吗？'"可见作家对母亲的离去有种深深的悔恨，有种子欲孝而母不在的愧疚感蕴含其中。

史铁生对母亲的爱是深沉的，是绵延不断的。他在作品中不仅表达了自己残疾后对母亲的思念，还对母亲的一生做过想象和猜测，在散文《老家》中，作家又对母亲曾经生活的故土以及母亲年轻时候的爱情作了一番想象。"我看着母亲出嫁前住的那间小屋，不由得有一个问题：那时候我在哪儿？那时候是不是已经注定，40多年之后她的儿子才会来看望这间小屋，来这儿想象母亲当年出嫁的情景……

我坐在河边，想着母亲曾经在这儿玩耍，就在这儿长大，也许她攀过那棵树，也许她戏过那片水，也许她就躺在这片草丛中想象未来，然后她离开了这儿，走进了那个喧嚣的北京城，走进了一团说不清的历史。

"如今我常猜想母亲的感情经历。父亲憨厚老实到完全缺乏浪漫，母亲可是天生的多情多梦，她没有另外的想法？从那绿柳如烟的河岸上走来的第一个男人，是不是父亲？在那雾霭苍茫的河岸上执意不去的最后一个男人，是不是父亲？甚至，在那绵长的唢呐声中，有没有一个立于河岸一直眺望着母亲的花轿渐行渐远

<<< 《我之舞》

的男人?"

母爱是史铁生作品中感情真挚,着墨最为丰富的部分之一。他在散文《二姥姥》、《叛逆者》等作品中都流露出饱含深情的思绪。我在前文提到史铁生一生中有两位伟大的女性,其中一位即母亲。儿子的特殊体验和特殊经历也成就了母亲对儿子深似大海的爱,那份理解和宽容的爱,这位母亲所遇到的坎坷和苦难也是世上常人母亲所未体验过的,史铁生之所以在后来的作品中,如此反复提起自己的母亲,也是因为母爱超乎常人的伟大所致,更是儿子对母亲在世时所经受苦难的理解。母亲用她那一生的苦难启示儿子:要坚强地活着。

文学作品不乏对母爱的表达,但史铁生作品对于母爱的表达是独一无二、独树一帜的。也许是作家特殊的人生体验吧,史铁生经历了两种人生:正常生活和20岁双腿瘫痪后的生活。他为我们提供了一种难以诉说的母爱苦难的表达方式。这种苦难是隐形的,是生理正常的作家所不能感受到的。这个世界上残疾人很多,但是几乎没有哪一个残疾人可以像史铁生这样对于母亲的爱有如此深刻的觉悟,抑或是由于这些残疾人的母亲和史铁生的母亲不同。但我认为前者更有可能。相信天底下的母亲对于孩子的爱都是无私的。而孩子对于母爱的领悟却又是多种多样的。我常常感慨,为何史铁生能将母爱表达得如此细腻,到位,能让读者感受到母亲的伟大,作家能用如此简单的文字将母亲对于"我"的爱表达得如此令读者感同身受。作为一名读者,每次读完史铁生的作品,都能感受到文中所透露出的涩涩的酸苦让我欲哭无泪。我敬佩他能将母爱表达得如此极致,我的老师郭小东教授每次在给我们讲授史铁生的作品的语言时,都会说一句"简直是极致",我想过多的评论也是无用的,我找不到更好的言语来评价史铁生对于母爱的表达,我怕亵渎了作家那极为克制而又优美的语言,唯有敬仰他。

史铁生一生走过了近60个春夏秋冬,却有一半的时间是在病痛中度过的。先是双腿瘫痪,接着是肾出毛病,常常是此病未去,彼病又来。作家也因此和医院、医生接触较多。所以医院、医生和病友也成为作家笔下常常感恩的对象。他在散文《我二十一岁那年》中,详细叙述了自己几次在友谊医院治疗的经历。作者第一次走进医院,便对医院和医生产生很好的印象。住进医院,感觉"如同信徒走进了庙宇我感觉到了希望"。女大夫轻盈的脚步声让"我"相信"女人是最应该当大夫的,白大褂是她们最优雅的服装"。在医院里,史铁生由于特殊的病情和爱好读书受到医护人员的特别照顾。"在那个'知识越多越反动'的年代,大夫和护士们尤为喜爱一个爱读书的孩子。"那里的大夫每天都来查房,但是每天"在我的床前停留得最久:'好吧,别急。'"而医院的主任对"我"也是特别的关心。"按规矩主任每星期查一次房,可是几位主任时常都来看看我:'感觉怎么样?嗯,一定别着急。'有那么些天全科大夫都来看我,8小时以内或以外,单独来或结队来",大家都来看看"我",然后都说句:"别着急,好吗?千万别着急。"

  文中史铁生还写到了医院的王主任和张护士长,是他们两次把"我"从死神门口抢了回来。王主任对"我"的劝说大意是:"还是看看书吧,你不是爱看书吗?人活一天就不要白活。将来你工作了,忙得一点时间都没有,你会后悔这段时光就让它这么白白地过去了。"虽然这些话对当时的史铁生来说益处不大,但却让他受用终生。在以后的若干年里,每当"我"想放弃生命的时候,便会记起王主任这些话。同样作家在文中还提到了那位温文尔雅步履轻盈的唐大夫以及和"我"年龄相仿的柏大夫。史铁生习惯称呼柏大夫为小柏。小柏几乎是史铁生的"私人保健医生"。

久病的史铁生和医院是"有缘"的。"21岁、29岁、38岁,'我'三进三出友谊医院,我没死,全靠了友谊"。他也在文中赞扬友谊医院的名字取得好。"'同仁'、'协和'、'博爱'、'济慈',这样的名字也不错,但或稍嫌冷静,或略显张扬,都不如'友谊'听着那么平易、亲近。"也许是靠了医院和医生的细心照料,史铁生回忆起那段时光,觉得自己在那儿度过了"最惬意的时光"。

除了医院医生、母亲等人的照顾之外,在史铁生的心里,还有一种爱的力量不可忽视,他在《我二十岁那年》写道:"我一时忘记了死,还因为什么?还因为爱情的影子在隐约晃动。那影子将长久地在我心里晃动,给未来的日子带来幸福也带来痛苦,尤其带来激情,把一个绝望的生命引领出死谷。无论是幸福还是痛苦,都会成为永远的珍藏和神圣的纪念。"史铁生认为"生命的意义当然不只是爱情,但爱情无疑是生命的最美好的意义之一"。

作家在《爱情问题》的开篇就歌颂了爱情的美好,"爱情,几千年来人类以各种发音说着、唱着、赞美着和向往着它,缠绵激荡片刻不息。因此外星人爷爷必定会纠正外星人孙子:爱情——这声音,才是银河中那颗美丽星星的标志呢。"

<<<
《务虚笔记》

　　《病隙碎笔》中，史铁生在进行自我剖析时提到自己面对爱情时的尴尬处境，"我记得，当爱情到来之时，此时史铁生双腿已残，他是多么地渴望爱情呵，可我却亲手把'不能进入'写进了她心里"。但是在作家的笔下，残疾与爱情并非绝缘的，和所有正常人一样，残疾人也有追求爱情的权利。爱与性并不因生理残疾而丢失。他曾大胆地提出："残疾人的爱情所以遭受世俗的冷漠，最沉重的一个原因，是性功能障碍……难言之隐一经说破，性爱便从繁殖的束缚中解放出来，残疾人有什么性障碍可言？完全可能，在四面威逼之下，一颗孤苦的心更能听出性爱的箴言。于是奇思如涌，妙想纷呈把事情做得更加精彩。"[1] 史铁生对性爱的直白阐述，特别是对残疾人性行为的肯定，鼓舞着残疾人追求自己想要的幸福。

---

　　[1] 史铁生. 病隙碎笔［M］. 海口：海南出版社，2008：123.

而作家自己也曾坦率地说:"像我这样不止从一个异性那儿感受到吸引的人很多,像我这样不止被一个美丽女人惊呆了眼睛和惊动了心的男人很多,像我这样公开或暗自赞美过两个以上美妙异性的人肯定占据着人类的多数。"这些话证明了人们在面对异性时,很难在短时间内做出明确的选择,也说明对你有性吸引力的人并非只有一个。

史铁生在《我的丁一之旅》中对爱情作了深刻的探讨。这部小说被认为"是一部独特的,耐人寻味的现代爱情小说"。作家用洁净优美,富于诗意和理性的文字描写爱情、性和性爱,追溯爱情的本原,探寻爱情的真谛和意义。那些灵与肉的纠缠,性与爱的排演,那些孤独的感动和温情的抚慰,那些柔软的故事和坚硬的哲理,无不给人以情理之中的体验和意料之外的启示。

年轻有为的编剧丁一,在众多的漂亮女性中如鱼得水,并因此性病染身,眼看无法医治。就在这时,出现了奇迹。丁一身上那些丑陋致命的症状,忽然全部自动消失了。他不治而愈。而大难不死的丁一也因此脱胎换骨,他厌恶了动物一样到处寻找感官满足的性生活,开始寻找真正的爱情。不久,丁一迷恋上了离异的女演员秦娥。于是,两个人开始在共同编织的戏剧与梦想里进行性爱合一的理想实践。可是,秦娥的前夫商周出现了,他是一个能够满足秦娥现实需求

<<<
《务虚笔记》

的成功商人。秦娥最终选择了商周，她要过一种"正常的生活"。① 而执著寻找爱情的丁一最终离开了人世。

小说是借一颗行魂陪多情郎丁一寻找夏娃的旅程。作者将"我"拆成三个人即丁一、"我（即"行魂）"、"那史"，在三个层面上开始探究和追索。这三个层面互相交织着，虚实相间，人魂莫辨。以"我"、史铁生、丁一三位一体同时或交叉出现，多个线索同时进行，作品打破了时间和空间，实现肉身和灵魂的对话。整篇小说融合了一场又一场的辩论，其间穿插了姑父的故事、依的故事、娥的故事、秦汉的故事、丹青岛的故事等。这些故事既是现实的、好看的，又被赋予寓意，有很大的想像空间。

小说通过发生在不同的人生阶段、不同的人、不

---

① 史铁生. 我的丁一之旅 [M]. 北京：人民文学出版社，2009.

同的时代爱情故事，探寻从性萌动到性爱到爱情之间飘忽不定的轨迹。作家始终在分析，在追问，也在歌颂。人为什么会走到一起，人为什么会演出背叛，人类为什么念念不忘伊甸园等。他问得那么多，那么密，那么热烈，那么严重，简直有着孩子般的稚嫩和喋喋不休。他亮出性与爱的不能自已，人人受性的困惑，受它感召。小说叙述这样的困惑与感召就是要探知性的前面与后面。作家在打听上帝的旨意。

史铁生是一个懂得感恩的人。记者报道：2003年，史铁生因《病隙碎笔》获得"华语文学传媒大奖"而受邀领奖。当时正值"非典"时期，评委会与史铁生商量请家人代领即可，但是他坚持到广州领奖。史铁生在致感谢词时激动地说："虽然远行对我来说异常困难，但我一定要到现场向大家致谢，我把这份奖赏更多地看作你们对我的鼓励和支持，这样的鼓励和支持，从我双腿瘫痪后就一直伴随着我。"

史铁生更是一个富有大爱的人。作家对于爱的表达不仅体现在被关爱上，史铁生在其作品中也表达了对残疾人以及那些需要帮助人的关爱。作家的作品不仅书写了自身遭遇的痛苦，也为那些同病相怜的人提供了一种精神皈依的途径。李少君也认为："不论是史铁生哪个时期的作品，抛去思维、情感、宗教等主题，

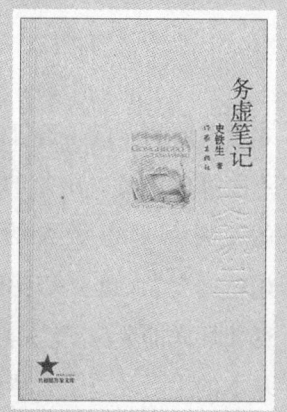

<<<
《务虚笔记》

他作品中一个一以贯之的主题是对人生充满感恩。"这份感恩延伸到了史铁生对现实中人们的关爱。他成为了北京市作协副主席,并多次担任中国作协全国委员会委员,还是中国残疾人作家联谊会的会长。

史铁生早期"残疾主题"的作品突出表现健康人对残疾人的歧视和不理解,反映了残疾人内心的孤独感,同时也表达了残疾人之间互相关怀,渴望寻找正常生活的美好情感。而作家讲述残疾人生活最成功的作品要数《命若琴弦》。尤其是对小瞎子和等秀儿那段感情的描述,道出了残疾人对爱情的渴望,但现实的残酷又让他们感到无奈和痛苦。作家通过作品,描写残疾人的生活,正是希望人们在关注残疾人生活状态的时候,更要关心他们的精神状态。

史铁生在散文《康复本义断想》开篇写道:"让不能行动的人重新可以行动,让不能工作的人重新能够工作,为丧失谋生能力的人提供生存保障,这无疑是非常重要的。但是若仅此而已便只能算作修理和饲养，不能算作康复。康复的意思是指：使那些不幸残疾了的人失而复得做人的全部权利、价值、意义和欢乐……""人道主义不仅应关怀人的肉体，最主要的是得关怀人的灵魂。"关心残疾人，不仅要在衣食住行等基本的生活环节上去帮助残疾人，更要在工作、事业、情感尤其是爱情方面，尊重残疾人的心理需要。

作家在他的作品中也不止一次提到残疾人对精神世界的渴望和憧憬尤其是爱情，譬如《我们的角落》中三个残疾青年小伙子；《命若琴弦》中的小瞎子等。"无论有何种残疾或缺陷，只有其丧失了创造生活的能力（譬如完全不能动也不能说话的人），或丧失了享受生活的能力（譬如彻底的白痴和植物人），那么他就有权享受安乐死，人为地终止其生命就是人道的。"① 只有这样，残疾人和正常人才可以享有平等的生存权利，可见史铁生将自己的创作不只停留在物质生活层面，更体现在对精神世界的追求。

史铁生除了书写残疾人对精神世界的向往之外，还呼吁外界应对残疾人持有公正爱护的情感，激励残疾人奋发自救。他在《给盲童朋友——"答自己问"代序》中写道："我们是朋友，但并不是因为我们都是

---

① 史铁生. 活着的事·安乐死断想［M］. 上海：东方出版中心2006：96.

<<<
《想念地坛》

残疾人我们才是朋友,所有的健全人其实都是我们的朋友,一切人都应该是朋友。……残疾无非是一种局限。你们想看而不能看。我呢,想走却不能走。那么健全人呢,他们想飞但不能飞……我们不因为残疾就忍受歧视,也不因为残疾去摘取殊荣。如果我们干得好别人称赞我们,那仅仅是因为我们干得好,而不是因为我们事先已经有了被称赞的优势。我们靠货真价实的工作赢得光荣。"

"我们既不能忘记残疾朋友,又应该努力走出残疾人的小圈子,怀着博大的爱心,自由自在地走进全世界,这是克服残疾、超越局限的最要紧的一步。"①
"让我们的肉体不妨继续带着残疾,但要让我们的精神

---

① 史铁生.给盲童朋友——"答自己问"代序.见:史铁生散文(下).北京:中国广播电视出版社,1998:142.

像健康人一样与世界相处。"①

史铁生除了关注生理上残疾的人之外,对于那些灵魂、品行方面有污点的人,作家同样呼吁社会给予同情和关爱。无论何种人,他们都在人类历史舞台上扮演了重要角色,而且是不可或缺的。从一定程度上看,他们同样也是伟大的。作家在散文《"忘了"与"别忘了"》中写道:"一切人,不管其肉体和社会职能有什么不同,他们的精神(或说灵魂)都是平等的,因而他们生于斯世,应该享有的权利和所尽的义务也便是平等的。"譬如对于牙买加出生的加拿大短跑名将约翰逊,在1988年的奥运会百米短跑比赛上以9.79秒的成绩战胜刘易斯,获得冠军,后来得知约翰逊跑出惊人的成绩是因为服用了兴奋剂。对此他的牙买加故乡的人们说:"约翰逊什么时候回来,我们都会欢迎他,不管他做错了什么事,他都是牙买加的儿子。"②这句话令史铁生很感动,他也据此提醒人们"难道我们不该对灵魂有了残疾的人,比对肢体有了残疾的人,给予更多的同情和爱吗"?一个人步入了歧途,也许是因为愚昧,也许是因为贫穷,也许是因为历史的造就,

---

① 史铁生.活着的事·"忘了"与"别忘了"[M].上海:东方出版中心,2006:220.
② 史铁生.我的梦想.见:史铁生自选集.海口:海南出版社,2006:332.

即使他犯了不可饶恕的罪,但这一切都不应该由他一个人负责。他其实是替所有人去步入歧途,步入罪恶的深渊。"因为人类前行要以他的行为表表,那是歧途,这样后来者就可以避免重入歧途。"① 人类文明的进程就好比在做实验。最终成功了的操作步骤固然应该被人们铭记,但那些千千万万失败了的实验过程也并非一无是处,它们的存在价值也不应被人们忽略或漠视抑或忘记。

---

① 史铁生.以前的事·角色[M].上海:东方出版中心,2006:85.

>>> 《心的角度》

渐行渐远的史铁生

史铁生从1998年开始做透析,从成名作《我的遥远的清平湾》到《命若琴弦》再到《我与地坛》,他把写作当作个人精神历程的叙述与救赎,用生命书写的一部部作品感动和激励着无数读者。他用他的经历、情感和哲思感染读者,影响周围人。不知道有多少读者会拿他的散文当作心灵鸡汤,不知道多少读者被他的经历所鼓舞,又不知道多少人会在读完他的作品的时候,感到自己的烦恼和苦闷不值一提,陡然拥有幸福感。

纵观史铁生的所有作品,散文成就最大,尤其是《我与地坛》。1991年,史铁生在《上海文学》上发表了《我与地坛》,韩少功以极为厚重的话语评论道:"《我与地坛》这篇作品的发表,对当年的文坛来说,即使没有其他作品,那一年的文坛也是一个丰收年。"这句话在文坛引起轰动。

1996年,《天涯》杂志创刊,创刊号发表了史铁生的随笔《足球内外》。"此后,史铁生几乎每年都会发表一两篇。这与他和韩少功、蒋子丹的友谊是分不开的"。《天涯》杂志主编李少君说。

史铁生做事认真谨慎,对自己要求很高,写文章充分思考,反复掂量。柳青说他写作时搅动心血,不遗余力,用字力求准确贴切,惜字如金。史铁生夫人陈希米告诉朋友,史铁生对自己作品的要求之严格几乎有完美主义的倾向。史铁生当年写《我与地坛》这篇散文时，改了很多遍，自己还不满意，在寄给杂志社的前夜还考虑干脆毙掉算了。史铁生能把灵活的文学语言和严密的哲学逻辑完美地结合起来，抽丝剥茧，追问生命本质，在思想上独树一帜，这是他性格中对于品质近乎刻薄的追求而致。

但《我与地坛》是小说还是散文，在其发表之初颇有争议，"《上海文学》的编辑和主编都认为它是一篇好小说，可以作为一篇小说来发表，可是史铁生自己不愿意，他说这一定是散文，而他说为什么要把散文看低呢？这就是散文，因此它后来还是作为散文发表了。"王安忆回忆道。史铁生的坚持成就了《我与地坛》，同时也成就了一段文学史。20世纪90年代，中国文坛也掀起了一股"散文热"，而史铁生的《我与地坛》是其中的代表作。

《我与地坛》这部作品可视做史铁生对过去十几年写作在内容、思想、形式和写作行为上的解剖。首先就题名来说，作家在此之前有很多文章的名字都有"我"，譬如《我的遥远的清平湾》、《我之舞》、《我的梦想》、《我二十一岁那年》，史铁生的作品几乎都是从个人经历体验出发，因此第一人称的运用比较多。散文开篇就提到自己与地坛的关系，在此作家把之前在几篇小说中用来营造荒原气氛的那座废弃的古园还原为地坛公园。同样有很多场景的描述作家之气的文章都可看见端倪。

全文共七个部分,第一部分讲述了"我"与地坛之间的关系。"五十多年间搬过几次家,可搬来搬去总是在它周围,而且越搬离它越近。我常觉得这中间有着一种宿命的味道……"同时作者在这一部分中开始了对生命意义的拷问,对活着意义的探讨,关于怎样活的问题。"我一连几小时想关于死的事,也以同样的耐心和方式想过我为什么要生。""一个人,出生了,这就不再是一个可以辩论的问题,而只是上帝交给他的一个事实;上帝在交给我们这件事实的时候,已经顺便保证了它的结果,所以死是一件不必急于求成的事,死是一个必然会降临的节日。"第二部分作者开始叙述母亲因为"我"经常到地坛来,而与地坛建立了某种联系。文中用各种细节描写,假想的方式,用最朴实,自然的语言表达了母爱的伟大。"有一回我摇车出了小院,想起一件什么事又返身回来,看见母亲仍站在原地,还是送我走时的姿势,望着我拐出小院去的墙角,对我的回来竟一时没有反应。"第三部分写"我"对地坛一年四季景物变化的细致观察,其中道出了"我"对地坛深厚的感情。第四部分写15年来我在这园子里看到的一些人,有坚持来园中的一对老人,曾经来过这园中的一个热爱唱歌的小伙子,一个真正的饮者,捕鸟的汉子,一个中年女工程师,较有天赋但却背运的长跑家。第五部分写留在我记忆中,一个漂亮而又不幸的少女,最后当我发现她是个弱智的孩子的时候，知道了人类之间的差别是永恒的，使"我"思考着"偶然"对命运的捉弄。第六部分"我"的思考进入形而上的层面，倾诉一直以来困扰"我"的一些问题，如生与死，灵与肉。最后一部分"我"再次回到现实中，带着一份苍凉，一种怀旧的心情，推着轮椅，独自游荡在这个并不属于自己的人间。从中可以看出这篇散文的主旨是厚重而坚实的，带有一种沉郁的基调。

《我与地坛》这篇散文对很多琐碎的现实表象描述很多，但是又不给人凌乱感，因为这些叙述的事物、人物都是在一个特定的空间——地坛内：每个部分都有一个明确的言说对象，分别讲述了地坛、母亲、园中的四季景色，一对散步的老人、"园神"、一个漂亮的小姑娘等，这些言说的对象作者按照一定的次序组合在一起，整片文章的思路、叙述过程、结构清晰明了。最后整篇文章的叙述都带有象征意味，充满了隐喻式的言说。① 尤其是作家对四季的描写：

如果以一天中的时间来对应四季，当然春天是早晨，夏天是中午，秋天是黄昏，冬天是夜晚。

如果以乐器来对应四季，我想春天应该是小号，夏天是定音鼓，秋天是大提琴，冬天是圆号和长笛。

---

① 董健，丁帆，王彬彬. 中国当代文学史新稿［M］. 北京：人民文学出版社，2011.

<<<
《信与问》

要是以这园子里的声响来对应四季呢?那么,春天是祭坛上空飘浮着的鸽子的哨音,夏天是冗长的蝉歌和杨树叶子哗啦啦地对蝉歌的取笑,秋天是古殿檐头的风铃响,冬天是啄木鸟随意而空旷的啄木声。

以园中的景物对应四季,春天是一径时而苍白时而黑润的小路,时而明朗时而阴晦的天上摇荡着串串杨花;夏天是一朵朵耀眼而灼人的石凳,或阴凉而爬满了青苔的石阶,阶下有果皮,阶上有半张被坐皱的报纸;秋天是一座青铜的大钟,在院子的西北角上曾丢弃这一座很大的铜钟,铜钟与这园子一般年纪,浑身挂满绿锈,文字已不清晰;冬天,是林中空地上几只羽毛蓬松的老麻雀。

以心绪来对应四季呢?春天是卧病的季节,否则人们不易发觉春天的残忍与渴望;夏天,情人们应该在这个季节里失恋,不然就似乎对不起爱情;秋天是从外面买一棵盆花回家的时候,把花搁在阔别了的家中,并且打开窗户把阳光也放进屋里,慢慢回忆慢慢整理一些发过霉的东西;冬天伴着火炉和书,一遍遍坚定不死的决心,写一些并不发出的信。

还可以用艺术形式对应四季,这样的春天就是一幅画,夏天是一部长篇小说,秋天是一首短歌或诗,冬天是一群雕塑。

以梦呢?以梦对应四季呢?春天是树尖上的呼喊,夏天是呼喊中的细雨,秋天是细雨中的土地,冬天是干净的土地上一只孤零的烟斗。

文中作家的笔调是明朗清晰的,干净而又孤独的,作家将一天中的时间、乐器、园中的响声、园中的景物、心绪、艺术形式、梦,这七种形式来对应四季,使抽象的四季具体化,四季在史铁生的笔下有了色彩和声音,也充满了灵性。而这些都是作家在地坛里静静思考过的东西,也可看出作家的思考越来越深远。

春天小路"苍白而又黑暗",夏天石凳"阴凉"又爬满青苔,秋天犹如废弃的铜钟,冬天犹如孤寂的烟斗,我们从中可以感觉到作家在经历过无数次生命挣扎之后那种灵魂的曲折和幽静,他在苦难中看到的光明比黑暗多,园中所有的景物在作家的笔下都被赋予了自己的冥想,一切静态的物体都仿佛因具有了生命力而复活了。

作家将"我"十几年来在地坛度过的春夏秋冬幻化成无数的自然、社会、人生与艺术的影像,这些影

<<<
《一个人的记忆》

像重叠地堆砌在一起,将漫长的十几年转化为一瞬间,同时也道出了15年来"我"的心境之寂寞,时光之难熬。与那些大喊大叫或直白贫乏的言说相比,这种隐喻式的暗示要更加深刻得多,同时也让人们感觉到,一个除了时间什么都没有的人,才会对"时间"观察得如此细致入微。

再看作家在《我与地坛》的第四部分着重描述了一些因为卓尔不群,而不被现实青睐,与社会有着距离感的人。首先是15年来坚持来这园散步的那对夫妇。"男人个子很高,肩宽腿长,走起路来目不斜视……他的妻子挽了他一只胳膊走……女人个子却矮,也不算漂亮……她向四周观望似总含着恐惧,她轻声与丈夫谈话,见有人走近就立刻怯怯地收住滑头。……两个人的穿着都算得上考究……刮风时他们穿了米色风衣,下雨时他们打了黑色的雨伞,夏天他们的衬衫是白色的,裤子是黑色的或米色的,冬天他们的呢子大衣又都是黑色的。"作家从他们的衣着神态猜测他们是对现实生活有着恐惧感,而这种恐惧感又仿佛来自社会制度的压制,他们的穿着和七八十年代所有的老知识分子一样,毫无色彩,毫不张扬,感觉他们的生活状态很平庸。

同样曾来这园子里的还有一个热爱唱歌的小伙子,"他多半是早晨来,唱半小时或整整唱一个上午,""他反反复复唱那么几首歌","文革"期间他唱"蓝蓝的天上白云飘,白云下面马儿跑"。"文革"后他唱《货郎与小姐》,"开头几句他唱得很有气势。'我交了好运气,我交了好运气,我为幸福唱歌曲……'","以后园中再没了他的歌声……真希望他如他歌里所唱的那样交了好运气"。

而令我印象最为深刻的还数作家在文中描述的那个长跑者。"他是个最有天赋的长跑家,但他被埋没了。""第一年他在春节环城赛上跑了第十五名,他看见前十名的照片都挂在了长安街的新闻橱窗里,于是他有了信心。第二年他跑了第四名,可是新闻橱窗里只挂了前三名的照片,他没灰心。第三年他跑了第七名,橱窗里挂了前六名的照片,他有点怨自己。第四年他跑了第三名,橱窗里却只挂了第一名的照片。第五年,他跑了第一名——他几乎绝望了,橱窗里只有一幅环城赛群众场面的照片。"这段描述道出了长跑者面对命运的无奈和尴尬,作家的笔下都是一些普通人,都是在茫茫人海中不被他人所关注,所重视的一些人,甚至被社会所忽略的群体。史铁生在文中始终用一种人道主义情怀去书写这些平庸的人群。

史铁生总是用一种终极关怀精神叙述他在园中注意到的人和物,譬如他在文中对一些微小生物的细腻描述:"蜂儿如一朵小雾稳稳地停在半空;蚂蚁摇头晃脑捋着触须,猛然间想透了什么,转身疾行而走;瓢虫爬得不耐烦了,累了,祈祷一回便支开翅膀,忽悠一下升空了;树干上留着一只蝉蜕,寂寞如一间空屋;露水在草叶上滚动,聚集,压弯了草叶轰然坠地摔开万道金光。"这些一方面体现了园子的荒芜但不衰败,一方面也写出了作家将一些微小的易被人忽视的生物,或者是在芸芸众生中的普通一员作为对象,对他们进行真切细致的描摹观察,写出了园中这些微小生物的欢喜与生气,同时也可以看出一个思想健全但肢体残疾的人对生命健康的憧憬和向往。

我认为作家在文中写这些人和物,其实写出的是这些人的生命过程和存在过程,作家是带着"生存还是毁灭"这样的问题走进地坛的。这些人和物一旦进入作者的视野,就会成为作者沉思生命的维度,因为有了这些人的生与死,幸与不幸,作家在地坛里的反思才有了许多参照物,作家对生命的思考也因此变得丰富。

经过很长一段时间紧张的思考和心灵的交战,作家的笔调舒缓了，散文的第七部分，作家仿佛进入一个大彻大悟的境界，"宇宙以其不息的欲望将一个歌舞炼为永恒。这欲望有怎样一个人间的姓名，大可忽略不计"。这正是作者对生命有了新的感悟和发现，而这种发现正如我在前文提到的，即生命过程的意义。之后作家的作品即在精神世界里渐行渐远。

如果说史铁生在《命若琴弦》和《我与地坛》中的思考与自身的遭遇有一定的联想的话，那么作家在其后期的《务虚笔记》中，其笔触已彻底从个体的生命所遭遇的命运的不公，延伸到普通人生活状态中。作品《务虚笔记》中每一个人物都陷入现代生活的两难之中。

长篇小说《务虚笔记》可视做史铁生一部集成大作，是作家在此前的中短篇小说创作基础上对自己既往人生与写作经验的一次全面整合。有学者认为，这部作品"集中表达了史铁生长期以来的思考，实现了史铁生要写一系列残疾人表现各种各样的残疾人的梦想"。也有人认为"《务虚笔记》是中国文学中，第一部真正的宗教哲理小说"。不管怎么说，这部小说融合了史铁生的人生观、价值观。史铁生对生、死、爱、性、欲望、苦难等一系列问题都在这部作品中得到了寓言性的彰显。

作品叙述了20世纪50年代初以来中国社会的嬗变给残疾人C、画家Z、女教师O、诗人L、医生F、女导演 N 等一代人的种种影响、冲击、规范和梦想。他们成了什么，也许他们就是这个世界的艰辛与危惧、欲望与祈祷。作家在文中充分表达了对差别、生死、爱、轮回、欲望等概念的理解。文章结构自由，通过不同层次，不同方面、不同角度地讲述阐释了人性的复杂多样。有学者认为这部小说不太符合人们通常对小说的概念，书名本身不像小说的标题，小说中的人物都无名无姓，没有外貌形象描述，仅用字母代表且小说在叙述的过程中常常被故意混淆。小说中理性思考的成分较多，情节经常出现模糊和重复的现象，作者并没有明确标明"什么时候发生了什么事情"，而是以一种似是而非的方式使不同的人物、故事交叉，重叠。

对此，作家则在 1996 年接受采访时解释道："我这个人很固执。"虽然说这是作家自己的选择，但在我看来，这选择背后更多的是无奈。一方面，正如文本开头所说："他努力担当虚无需要一定的承受力，他需要在写作中不断获取理论，不断说服自己，也在努力回避内心深处的伤痕，掩盖孤独的心灵。他不愿写原汁原味的生活与人生、人性的美好，因为他怕一不小心泄露了虚无的秘密，他要为了那永远无法实现的梦想而竭尽全力地解剖人生。"[①] 另一方面则是作家的身

---

① 宁克华．第五只眼睛看世界［D］．安徽大学硕士学位论文，2005．

体状态导致他只能选择这种写作方式。病情的不断加重,使得作家只能选择这种独语式的创作。而情节性的作品需要时间的连贯性,病榻上的史铁生也无法扩展生活领域。有人把史铁生写长篇小说比做穷人盖房子,其实这比穷人盖房子难得多,因为死亡随时可能降临,那样一切都会白费。房子可以有人在原来的样子上继续盖,而小说却没人能替他接着写。

漫漫行魂路,深深爱愿情。我们在史铁生身上窥见其对残疾群体的温情关怀,对生存命运的无尽反思,对人生困境的深刻揭示、对宗教情怀的独特见解、对人文精神的执著探寻。史铁生在沉重的残疾肉身之下做着乐观的奋斗,不断地超越困境,消弭绝望,就像那"荒芜但不衰败"的地坛承载这时代的风吹雨打,沐浴着生命的旭日之风,精神之旅永存。

坚持纯文学写作的史铁生有些沉重。史铁生由于其特殊的人身体验,他对先锋文学文本的探索以及纯哲理性的冗长思辨导致不少读者对他望而却步。他的作品也因此只能走向深邃而不能走向广博,但是这些并不影响他在文坛的地位。

史铁生走了,但以他对生命的理解,他仍与我们同在,只是换了一种存在方式。我远没有他那么豁达、乐观。对于他的离去我感到深深的遗憾和悲哀,为了他,也为了我自己,地球上又少了一个我敬爱的人,贫乏的环境里又少了一道亮丽的风景,昏暗的道路上

<<<
《原罪·宿命》

又少了一盏虽然暗弱却依然坚持亮着的灯。史铁生的脸上总是面带微笑,生前他很少在别人面前提起他的疾病,他总认为"旁观者清"。因为那是一种不可言说的生理和心理上的痛苦和折磨。尽管如此,他还是坚持写作,创作长篇。作为史铁生的读者,我们应该感谢他用生命启示我们读懂命运,读懂幸福,读懂生命的意义。

王安忆曾经说过:"我们有时候会背着史铁生议论,倘若史铁生不残疾,会过着什么样的生活?也许是'章台柳,昭阳燕',也许是'五花马,千金裘',也许是'左牵黄,右擎苍'……不是说史铁生本性里世俗心重,而是,外部生活总是诱惑多,凭什么,史铁生就必须比其他人更加自律。现在命运将史铁生限定在了轮椅上,剥夺了他的外部生活,他只能望内心去,用思想做脚,越行越远。"(《精诚石开》)虽然王安忆的说法未必准确,但不得不承认,史铁生正是因为残疾,体验了他人所未体验过的人生,才让作家的思想觉悟如此深远。

史铁生真正做到了"用生命写作",如果"奇迹"不是一个虚词,我认为史铁生就是一个奇迹。但这样一位用思想做脚的行走者却停止他的行走近两年了,史铁生曾说:"死是一个必然会降临的节日。"就让他的一首题为"节日"的诗来结束我这篇小册子的撰写吧。

呵,节日已经来临

请费心把我抬稳

躲开哀悼

挽联、黑纱和花篮

最后的路程

要随心所愿

呵,节日已经来临

请费心吧这囚笼烧净

让我从火中飞入

烟缕、尘埃和无形

最后的归宿

是无果之行

呵，节日已经来临
听远处那热烈的寂静
我已跳出喧嚣
谣言、谜语和幻影
最后的祈祷
是爱的重逢

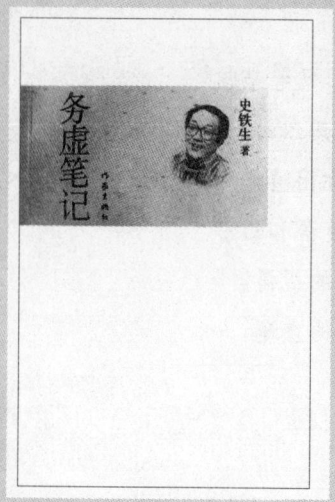

后

记

前几天郭老师告诉我，六书坊之史铁生的文章初、终审差不多通过了，心里的石头终于放下，还好，问题不大。

现在谈谈自己写这篇小册子的感想吧。其实我还真的不知道从何说起，就说说自己做课题与作家史铁生的关系吧。记得去年论文开题的时候，老师就问我毕业论文打算写哪位作家，当时我讶异地不知道如何回答，后来郭老师提议要不写史铁生吧，史铁生在中国当代文坛还是比较特别的一位作家。这种感觉正应了老师常说的那些话，有时候，如果选择太多，反而不知道如何去写，一旦有人为你提供了某个特定的目标，自己的学习任务就变得异常清晰明了。就这样自己懵里懵懂地决定研究作家史铁生。

史铁生——这个名字对我来说并不陌生。中学时代就学习过这位作家的文章，但是早已记不清具体内容是什么了，唯独记得文章作者是一个双腿瘫痪的残疾人。自研究史铁生其人其作以来，我几乎读遍了作家的所有作品。作家的有些篇目我还重复读了好几篇，譬如散文《我与地坛》、《合欢树》等等，每次读完，我都有些新的体会。记得有一次我一个人坐在图书馆五楼靠近窗户的位置，一个人静静地咀嚼着史铁生笔下的文字，突然发现自己的眼里饱含泪水，我不知道自己为什么会流泪，很复杂，一时也说不清楚，在此我想改用艾青的一首诗来解释吧："为什么我的眼里常含泪水，是因为我对这文字爱得深沉"，老师说过，史铁生的文字是当今中国文坛最干净的文字，是的，我之所以如此为作家的文字感动，还因为我喜欢作家笔下流淌着人类最常见但却最不平凡的人物，譬如母亲、妻子、说书的瞎子。作家作品的深奥之处并不在乎其文字的生僻，语句的晦涩，而是用人世间最普通简单的文字表述出最深刻的哲理意蕴。

记得我写这本书的时候，郭老师给我提了很多意见。比如老师总觉得我对史铁生作品中那份母爱体会得不够深刻，对史铁生的爱情观阐述得不够丰富，对史铁生少年时期遇到的两位残疾老师的经历发挥得不够充分等等。虽然后来我也努力地去搜集各种资料，尽力写得深刻透彻，但最终还是不尽如人意。我想这一方面和我的阅历有关，首先我不是中文系出生的学生，中文功底不够扎实，很多知识都是研究生期间老师为我耐心点拨，自己努力攻克积累的。尽管我本科主修英语，也学习了很多外国文学知识，但当时没有系统地学习国学，总感觉在翻译外文的时候，绞尽脑汁也不知道如何去表达外文所深藏的含义，现在想想，主要是因为自己的国语水平不过关。

当然研究生期间，我已经深刻体会到自己对本国文学知识的欠缺、贫乏，现在遇到一位优秀的导师，我的中文水平得到了很大的提高，尤其在撰写文章方面，我从写一篇错别字连篇的文章到能够正确地表达自己的看法和观点。其次可能由于我是个正常人，我还不够老练，无法体会一位富有哲学的思想文人写作时的那种复杂感情，更无法很好地体会史铁生身处困境时的心情，我想象不出史铁生该有怎样顽强的意志力才让自己在这个物欲横流的社会，一个人身处安静地坛默默冷静地写作的经历。我去过一次北京，那次北京游玩，我没有去地坛，因为我知道现在的北京地坛已经被商机追剿，摩肩接踵的人流，嘈杂声，原来的神韵所剩无几。正如史铁生在《想念地坛》中所说，"想念地坛是想念它的安静""我想，那就不必再去地坛寻找安静，莫如在安静中寻找地坛。"

我没有去地坛，也正是觉得现在的地坛和史铁生笔下的地坛完全不同，史铁生笔下的地坛是作家所独有的，是他在特殊人生阶段特殊人生体验的避风港，我想作家心中的地坛早已不是物理上坐落在北京那座所谓的"废弃的古园"了。

总之在写这篇小册子的过程中，我的导师为我提了很多宝贵的意见，感谢老师的耐心指点，感谢他宽容地接受我粗浅的文字表达，感谢老师给我提供这次难得的机会，让我独立完成一个课题。期间武汉大学出版社的编辑们也十分认真地审阅此稿并校对多次，在此一并感谢，谢谢大家！

阳雨薇